稳定盈利

构建有效的
股票投资体系

李远星◎著

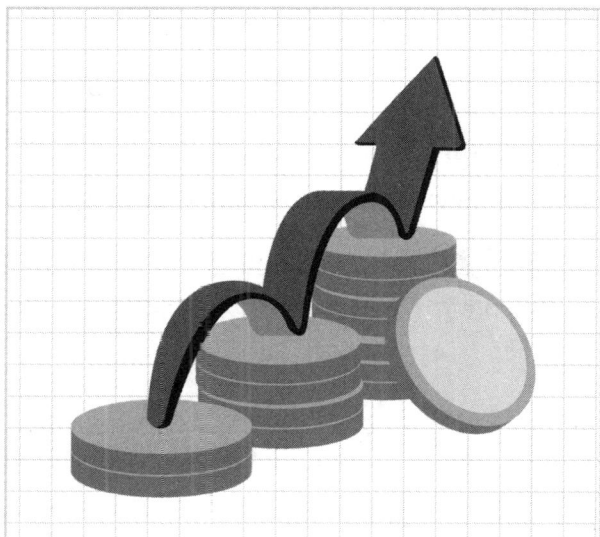

中国铁道出版社有限公司

CHINA RAILWAY PUBLISHING HOUSE CO., LTD.

图书在版编目（CIP）数据

稳定盈利：构建有效的股票投资体系 / 李远星著.
北京：中国铁道出版社有限公司，2024.12. -- ISBN
978-7-113-31684-6

Ⅰ. F830.91

中国国家版本馆 CIP 数据核字第 2024KT8784 号

书　　名：**稳定盈利——构建有效的股票投资体系**
WENDING YINGLI: GOUJIAN YOUXIAO DE GUPIAO TOUZI TIXI

作　　者：李远星

责任编辑：杨　旭　　　编辑部电话：（010）51873274　　　电子邮箱：823401342@qq.com
封面设计：宿　萌
责任校对：苗　丹
责任印制：赵星辰

出版发行：中国铁道出版社有限公司（100054，北京市西城区右安门西街 8 号）
网　　址：https://www.tdpress.com
印　　刷：北京联兴盛业印刷股份有限公司
版　　次：2024 年 12 月第 1 版　2024 年 12 月第 1 次印刷
开　　本：710 mm×1 000 mm 1/16　印张：10　字数：160 千
书　　号：ISBN 978-7-113-31684-6
定　　价：69.00 元

在当今金融市场高度繁荣的背景下，投资理财已广泛成为各类投资者追求资产增值的主要途径。然而，股票和基金投资对于大多数缺乏专业投资知识和技巧的投资者而言是有难度的，所以，投资股票和基金往往以失败告终。

我自己也在 2014 年开始接触股票投资，像许多普通投资者一样，经历了投资的起起落落。从最初盲目跟风买卖的新手阶段，到逐渐学会冷静面对市场波动；我既体验过牛市带来的短暂狂喜，也尝到过熊市一夜之间财富蒸发的苦楚。几年的投资历程充满了曲折与挑战，伴随着无数个不眠之夜和后悔莫及的时刻。但即便如此，对成功的渴望从未被挫败磨灭，反而激发了我深入思考：为何多数投资者在股市中亏损，包括我自己；成功的投资者又有何独特之处；他们是如何把握市场涨跌的规律并从中获利的等。

为了解答这些疑问，我开始广泛阅读，涉及技术分析、价值投资、短线交易等多种流派，并尝试用这些理论去分析过去的投资案例，以期找出赚钱和亏损的根本原因。在实践中我发现，技术分析和短线交易方法虽受欢迎，但成功率并不高，且选股思路往往模糊、主观。而传统价值投资虽稳健，但对于大多数投资者而言，难以精准把握买入时机。

更深入地学习和实践后，我意识到成功投资不仅仅是掌握一些技巧或方法，更多的是依赖于投资者的认知层次、心理素质、宏观视野及专业知识。许多投资书籍提供的方法固然有效，但那是建立在作者深厚的市场理解和卓越的心理控制能力基础之上的。对于普通投资者而言，简单模仿这些方法往往难以达到预期效果。

经过一段时间的摸索和思考，我逐渐认识到，股票投资实际上是一个需要系统性思维、丰富知识储备和坚定执行力的复杂过程。只有通过深入学习、理解市场本质，并配合自身实际情况不断调整策略，才可能在投资道路上走得更远。

　　本书尝试解析股票投资这一复杂系统，探讨相对正确的投资认知、价值分析选股、估值与技术分析择时、仓位管理、交易心态控制、哲学思维在投资中的应用及系统构建的逻辑等。帮助读者学会制定比较完整的投资策略、评估股票的价值、把握买卖时机、合理分配资金及控制情绪波动，从而在面对股市变幻时能够自信从容，确定选择自己的行动方向。

　　希望本书读者通过理解"精微之道"的认知逻辑，学会系统性地分析股市，进而领悟到股票投资的正道。本着"大道至简"的原则和"知行合一"的实践，在长期的股票投资过程中取得成功。

　　作为股票投资领域的探索者，我的知识与经验相对有限，书中难免会有疏漏和不妥之处，恳请读者批评指正。也请牢记，任何投资都有风险，请慎之再慎。

作　者

2024 年 9 月

目　录

第 1 章

股票投资交易体系概述

《吕氏春秋》中有一段话："其知弥精，其所取弥精；其知弥粗，其所取弥粗。"意思是一个人对事物知晓得越是精深，他所做的选择就越精确简练；一个人对事物知晓得越是粗浅，他所做的选择越是粗陋浅薄。

股票投资并非简单地将资金投入市场就能轻松获得丰厚回报，实际上，多数投资者在股市中难以实现盈利。这背后的原因很大程度上在于投资者对股票投资的理解尚显浅薄，缺乏对股市运行规律及自身行为的全面而深入的剖析。更为重要的是，许多投资者忽视了构建一套完善的股票投资交易体系的重要性，而这恰恰是决定其在股市中成败的关键因素。一个成熟的投资体系能够为投资者提供明确的指导原则和操作框架，帮助他们在复杂多变的市场环境中作出更为明智的决策，从而在股市的"生"与"死"之间找到属于自己的生存之道。

股票是社会经济发展的高级产物，股票投资也是一种高度复杂的金融活动。股价波动归根结底是多空双方不断博弈的结果，投资者要想在股市博弈中取胜就必须对股市有充分正确的认知并建立一套行之有效的交易策略体系。

　　对股票投资有所了解的人都知道股市蕴藏着赚钱的机会，也潜藏着巨大的风险。股市中的普通投资者超过 90% 都面临亏损的局面，甚至一些金融专业的股票投资基金经理也未能幸免，证券公司的客户经理在给你开户时不会告诉你这个情况，只会告诉你"股市有风险，入市需谨慎"，而且不会详细告诉你股市风险到底是什么，甚至有些客户经理自己对股票也是一知半解。股票投资与做生意的情况类似，低买高卖赚取差价就能获利，而事实上，真正参与股市的人却很容易忘记"低买高卖"这个基本原则，甚至很多人根本不知道什么价位是低，什么价位是高，对于股市认知的欠缺加上贪婪和恐惧使股票投资变得极其复杂。旁观者看着历史 K 线能说出很多投资道理，一旦亲身参与市场就会四处踩坑碰壁。

　　我们要想做好股票投资，必须具备热爱、专业和专注这三个基本素养。

　　进入股票市场进行投资交易，犹如在战场上两军交锋，只有掌握兵法并能灵活应用的将帅才能针对敌方的各种行动采取正确的应对措施，直到战胜敌人。而投资者的交易体系就是一套战胜股市的兵法。正如《孙子兵法》所说："知彼知己，百战不殆；不知彼而知己，一胜一负；不知彼，不知己，每战必殆。"普通投资者可以反思一下自己：你了解自己吗？你了解股市吗？你了解你买卖的股票吗？你成功或失败的原因是什么？你是否仔细盘算过每次买入股票时成功的概率有多大？

　　交易系统是为了让交易者有明确的交易计划，严格执行交易计划就能从容地应对各种金融市场状况，从而在金融市场中稳定地获利。但是交易系统必须是建立在对所参与的金融市场有充分正确认知和透彻理解的基础上，一个不懂公牛脾气的人能成为一位出色的斗牛士吗？交易者必须清楚地理解市场的规律和人的弱点，对市场和自己有清晰透彻的认知后才能建立适合自己的交易系统，而且交易系统也必须经受市场的检验。

　　我理解的交易系统包括：对股票投资正确的认知、选股策略、择时策略、仓位配置策略、心态情绪管理这五个部分，如图 1-1 所示。

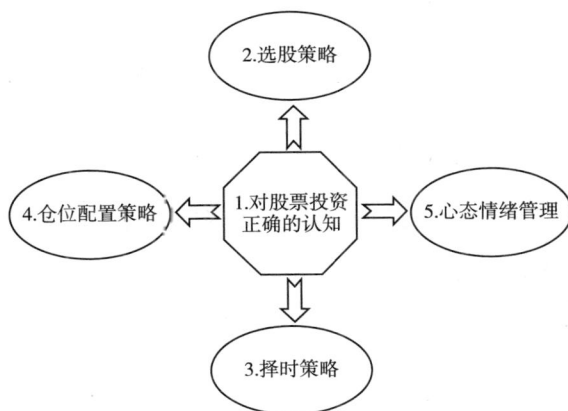

图 1-1　股票投资交易系统框架示意图

所有这些环节只是为了实现"低买高卖"这个唯一不变的获利法则，也就是弄清楚应该买入什么股票？在什么时机下买入？买入多少？面对复杂多变的市场要如何控制自己的心态？

交易者最大的敌人不是市场，而是自己。交易最大的风险不是市场变幻莫测，而是投资者不懂市场和自己，没有明确的策略胡乱操作，或者违背交易规则犯下错误。

股市中有各种各样的投资获利模式，有专注短线投机的，也有波段操作的，还也有世外高人的价值投资者，技术派、价值投资派、游资派是股市最常见的类型。技术派在市场中受众也是最多的，因为它符合趋易避难的特点，一些技术指标简单直白的买卖点提示让人感觉无比的舒服，可是江恩理论、波浪理论、道氏理论等这些技术分析的创造者本身并没有在股市中取得巨大成功，可见技术分析看似简单完美，其实可靠性较差，依赖技术分析的投资者最终只会在一次次小赚大亏后收获失败的结局。游资派的手法没有固定的模式，对于普通投资者而言难以捉摸也不可模仿，追涨打板手法玩的只是击鼓传花的游戏，劝你远离。价值投资派虽然让普通投资者望而生畏，但是股市里能长久生存并取得巨大成功的恰恰是价值投资派，沃伦·巴菲特、彼得·林奇等都是价值投资者，高瓴资本、红杉资本、橡树资本等经历时间考验的投资机构都是价值投资派。

通过以上分析投资者应该有了自己的选择，价值投资学习阶段虽然要求较高，不过，一旦你掌握价值投资的诀窍后会发现投资其实是很简单的一件事情，而且价值投资是在股市获得长久成功的正确路径。当然了，学习价值投资需要扎实的金融和财务基础知识，还需要理解商业的本质和规律，开阔的眼界格局，不断求索的谦虚态度，时常反思自己。这些都是构建价值投资交易体系的基础。所以，在股市践行价值投资是一场艰苦的磨砺，不单单要理解价值，还要能战胜自己的弱点，股票投资是违反人的惯性思维，没有修炼到足够高的境界是无法在股票投资中获得成功的——长期成功，这里的成功不是在牛市靠运气暴赚的好运气。

价值投资看似高深，其实，当你真正实践后会发现大道至简，只需要学习足够的知识去理解价值，然后应用常识做出正确的判断并在恰当的时机采取行动就够了。坚守价值，相信常识，管好心态，这些就是价值投资的"法宝"，简言之，就是"好股票、好价格、好心态"。交易体系的建立就是将这"三好原则"落实到细节中，帮助投资者在实际操作中按部就班地实施计划，实现长期稳定的获利。

股票投资与擂台上的拳击很像，普通投资者可以把自己想象成一个拳击手，去跟强大的市场搏击。你可以去了解一下那些著名的拳王是如何战胜众多对手，最终站在搏击舞台巅峰的，其实他们是对自己的力量和技巧，以及对手的力量、技巧和脾气等都有清晰的认识，在搏击中有明确的策略，懂得扬长避短，抓住对手的弱点快速出拳。交易系统是投资者参与股市搏击的一套完整策略，让投资者明白何时该出击，何时该躲避，如何控制好自己的心态和攻防节奏。价值投资者像顶级拳王，靠智慧和耐心取胜；顶级游资像次一级的拳王，爆发力和抗击打能力都很强；那些业余毫无章法的外行投资者只是看到那些拳王获胜后取得的丰厚奖励，却没看到别人取胜背后的奥秘，盲目自大地走上擂台参与搏击，结果被一次次打得鼻青脸肿。

优秀的股票投资者必须具备一些优秀的品质，比如，渴望成功、勇敢、坚韧、睿智、理智、冷静、独立思考、格局宏大、终身学习、经常反省、懂得敬畏。而市场中失败的普通投资者通常都具备一些较差的品格，比如，自负、自大、幻想暴富、急于求成、智慧浅薄、目光短浅、情绪焦躁、格局狭小、抗拒学习、不知反省、不知敬畏。

第 2 章

对股票投资正确的认知

在投资股票之前，投资者必须对股票和股市波动规律有清晰正确的认识，而且要明白自己是否具备进入股市投资股票的条件。

2.1　什么是股票和股市

股票是股份制有限责任公司将公司的权益分成若干份分配给多个股东的一种权益凭证，持有股票的人享有相应份额的公司资产所有权、收益分配权、公司经营决策投票权，并承担相应的投资风险。通常情况下，每一股所附带的经营决策投票权是相同的，但是有些公司的股份所附属的每股经营决策投票权不同，也就是我们常说的同股不同权。比如，阿里巴巴、小米、京东等公司，公司原创发起人的股权附带的每股投票权是普通股附带投票权的数倍，这使得公司创始人可以使用很少的股份控制公司的经营决策权，创始人在转让股权融资的过程中可以实现融资便利最大化的同时牢牢掌握公司控制权。公司发行股票是公司转让股权给投资者，从投资者手中获得不用偿还的资金用于公司经营发展，而投资者可获得公司未来收益的分配权。

因此，投资者买入一家公司的股票就能享有参与公司经营投票权、未来收益分享权、公司资产清算分配权。当然，通常情况下，小股东不会干预公司的经营决策，主要是分享公司未来的收益和公司成长带来的资产升值，普通股所有者在公司经营正常的情况下也无权请求清算公司的资产，只能在股票市场把股票转让给其他投资者。而当一家上市公司需要破产清算资产时，往往已经处于资不抵债的局面，普通投资者能够获得的清算价值已经无限趋近于零。

股市是进行股票交易的市场，中国股市主要的交易场所有上海证券交易所、深圳证券交易所、北京证券交易所、全国中小企业股份转让系统（新三板）。普通投资者通常参与的都是沪深证券交易所的 A 股，B 股最初是为境外投资者购买中国公司股票而设立的另类证券交易市场，随着中国金融市场的不断改革，A 股已经逐渐成为一个国际性的股票交易市场。A 股市场又分为一级市场和二级市场，一级市场是给资金较大的机构投资者和公司大股东进行集合竞价大宗交易的市场，二级市场是提供给所有投资者进行连续竞价自动撮合交易的场所。

思考：你买股票是为了实现资产增值还是资产贬值？

2.2　对股票投资正确的认知

我们想要精通一件事情，首先要对这件事情有充分且正确的认知。如果一个人认为驾驶涡扇喷气式飞机可以在空中飞行，那么他就可以驾驶飞机到达月球。这可能吗？不可能。因为涡扇喷气式飞机根本不可能离开地球大气层飞行。

可见，正确的认知是把事情做对、做好的前提。金融圈流行一句话：你所赚的每一分钱，都是你对这个世界认知的转化；你所亏的每一分钱，都是因为你对这个世界的认知有缺陷。

- 简言之，股票投资需要弄明白以下几个问题：
- 股价涨跌的根本医素有哪些？
- 股市波动有什么规律？
- 应该买什么样的股票？
- 应该在什么时候买入和卖出？
- 该买入多少？
- 应该怎么分配资金？
- 面对复杂的股市波动该怎么控制自己的心态情绪？

根据积累的股票知识，以及对股市多年运行规律的总结，我对股票投资的认知如下：

1. 股价反映投资者对股票未来价值的预期，没有价值的股票不值得投资

从股票设立的初衷我们能清楚地看到，投资者买入股票是为了获得公司未来收益的分红和公司成长带来的股权升值，未来发展潜力巨大的优秀股票总是会吸引众多聪明投资者买入。而价格是由供给和需求匹配关系决定的，当想要买入和持有一只优秀股票的人越来越多时，这家公司的股票就会供不

应求，自然导致股价上涨，优秀公司的成长导致内在价值的增长和投资者对其股票的追捧，是投资优秀股票可以稳定获得超额收益的理论基础。而那些未来无法成长的公司自然会被投资者抛弃，股价只能维持在一个较低水平窄幅波动，没有投资价值。这是股市的资源配置明显优于银行体系的原因，明智的投资者会自主选择那些优秀公司，优秀公司获得更多资金发展壮大，马太效应和二八定律在股市里得到淋漓尽致的体现。

这里需要注意两点："未来"和"价值"。一家公司过去的表现并不是最重要的，它未来的表现才是聪明投资者需要关注的重点。

股票的价值是指上市公司能够通过经营创造更多的营收和利润为股东创造股权价值增长。过去表现很好的公司未来不一定好，过去表现一般的公司也许未来潜力无限，要动态地看待公司的过去和未来。当然，通常情况下，优秀的公司会越来越优秀，因为优秀的公司通常是由优秀的人管理，而优秀的人在明白如何变得优秀，以及享受到优秀带来的好处后会持续保持优秀或变得更加优秀，市场对于优秀公司的追逐也会给优秀公司增加更大的助力使其保持竞争优势。出现强者恒强，强者越强的情形。聪明投资者擅长在市场中发现那些未来潜力巨大的股票，这样的股票往往是那些持续景气的行业龙头股，或是一些迎来周期反转的周期资源股，或是一些将要走出短暂经营困境的优质股票，或是一些普通行业但是市场占有率极大的龙头股，或是具有市场垄断性质的寡头公司。

一家公司过去无论有多么优秀，你没买它的股票，那么它再怎么优秀也与你无关。当你打算买入一只股票时，它未来的价值增长空间决定了你的投资收益水平。

有些人会说：劣质股有时也会走出翻倍行情，投资劣质股不一定就不能赚钱。这句话没错，问题是这样的暴涨行情通常由一些游资主导，普通投资者没有信息优势又怎么知道什么时候、哪只股票会以什么样的方式上涨和下跌呢？这么多的不确定性能做出正确的选择吗？假设恰好发现一只妖股，你能在启动开始时买入吗？敢重仓买入吗？能持有到最后吗？假设你恰好是百里挑一的幸运儿，每一步实现的概率都是 1/100，你认真地使用概率学计算，即 $0.01 \times 0.01 \times 0.01 \times 0.01 = 0.000\,000\,01$。会发现投资妖股成功的概率可能不到千万分之一。而发现优秀股票其实很容易，采用正确的投资策略投资优秀股票获得成功的概率最差也不会低于 50%，优秀的价值投资者通常成功概率超过 80%。当明白股票投资的基本逻辑后，你是选择那些明显具备投资价值的优秀股票还是选择可能永远也抓不住的短期暴涨妖股？人的生命是有限的，打算把这些有限的时间用在哪里？

图 2-1 为新希望 2018 年 10 月至 2021 年 8 月的股价走势，该股的股价从 2018 年底的 6 元左右上涨到 2020 年的最高 42.20 元，之后 2021 年又下跌至 10 元附近。2018 年至 2021 年，新希望的经营没有发生什么大的变化，公司主营业务一直都是家畜饲料和畜牧业，为何 2018 年底开始暴涨？股价涨跌趋势反映投资者对股票未来价值的预期，聪明的投资者都知道未来一年养殖业公司的利润将会呈现爆发性的增长，这样的看涨预期必然推动股价提前上涨兑现公司未来的业绩。

图 2-1　新希望 2018 年 10 月至 2021 年 8 月股价走势（日 K 线）

而到了 2020 年之后，为何股价开始从高位一路下跌呢？难道大家都不再吃肉了吗？还是公司经营出现严重问题了？并没有，公司经营一直稳健，只不过在 2019 年猪肉和鸡肉价格暴涨时，大量养殖企业疯狂扩张产能导致市场肉类供应严重过剩，猪肉和鸡肉大幅下跌，大量养殖公司开始走下坡路，新希望也不例外。

股价涨跌趋势反映投资者对股票未来价值的预期，此时市场投资者对新希望未来的业绩预期显然是悲观的，所以，股价开启了漫长的下跌。从新希望案例可以看出，一家公司经营活动并没有出现大的变动，在市场投资者预期公司未来业绩大增时推动公司股价大涨，在市场投资者预期公司未来业绩大幅下滑时推动股价大跌。作为股市的投资者，需要时刻记住推动股价涨跌的底层逻辑是什么。

图 2-2 为仁东控股 2020 年的股价走势，2020 年上半年的股价走势像一只超级大牛股，股价稳稳地按照稳定的上升角度不断上涨，11 个月时间股价上涨了 3 倍，可是之后一个月时间股价下跌了 80%，而且是连续封死跌停板，投资者想卖都卖不掉。2020 年它的业绩很好吗？不是，它的业绩一直在亏损。它的暴涨毫无理由，暴跌也猝不及防。这样没有价值支撑的股票不适合投资。

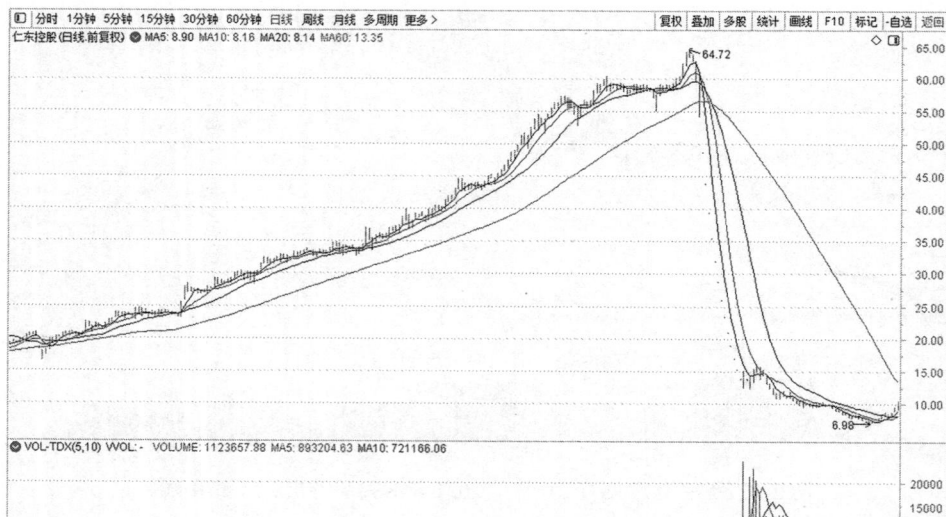

图 2-2 仁东控股 2020 年的股价走势（日 K 线）

2. 股票的价值取决于公司是否能够满足社会的某种旺盛需求，并且与公司在市场中的竞争优势、客户黏性和市场定价话语权密切相关

为何愿意花钱买一样东西呢？因为你需要它，因为你觉得它能为你带来便利或创造未来收益。价值源于人们当下和未来的需求，买东西是在购买它的未来价值。金融产品都是在预支未来的某种价值，价值都是指向未来的。居民把资金存入银行是为了获得未来的利息收入，买国债也是如此。银行把储户的资金汇集起来贷款给企业是为了获得比存款利息更高的贷款利息收益。金融市场中的投资者买卖各种金融工具是为了获得未来的价值收益，使自己的资产能够增值。

股票对应的是一家上市公司，公司的业绩与它的产品和服务销售额直接相关，而产品和服务的销售额取决于它被市场消费者认可和需求的程度。一家公司的产品被消费者广泛需要并且能够牢固地吸引消费者重复购买，体现出公司的价值增长基础是牢固可靠的。

人对于幸福快乐及美好生活的追求是无止境的。人类是一种思维和情感高度复杂的动物，美好的事物总能使人产生快乐幸福的情感体验。为了追求这种奇妙的情感体验，人们会不自觉地购买那些能使自己感到幸福快乐的产品或服务，这是商业的本源，也是利润的来源。彼得·德鲁克说："商业的本质就是思考你为这个世界带来什么样的幸福。"善于经营商业的人都擅长用各种方式满足人们的幸福追求并从中获取合理的利润。

对于人类来说，任何事物的价值都源于人的需求，马斯洛将人的需求划分为生理需求、安全需求、归属需求、尊重需求和自我实现。社会经济活动就是与这些需求息息相关的，比如，食品、衣服、住房和医疗是为了保持生命得以延续，是人最基本的生理需求和安全需求，也是最容易促发人本能反应的需求。组建家庭或是参与团队工作，是人的归属需求。购买奢侈品、追求名誉地位、享受别人的羡慕和赞美等都是为了满足尊重需求和自我实现，也就是获得幸福感、成就感和被认同感，如图 2-3 所示。

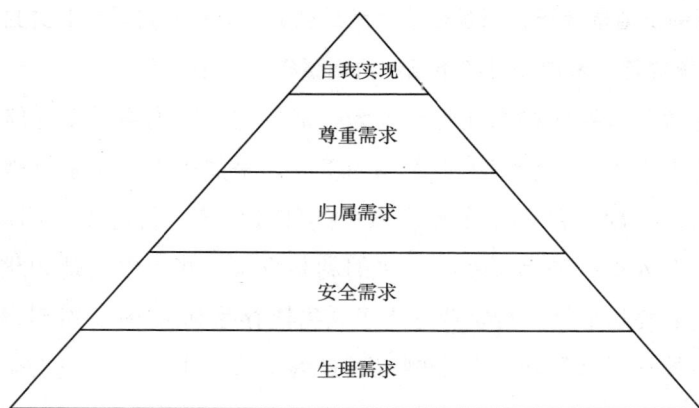

图 2-3　人类的心理需求层次

公司仅仅能够满足人们对于幸福快乐的追求是不够的，想要持续获得利润必须在市场竞争中占据优势地位，因为市场只有那么大，占有越多，利润越丰厚，生存越久。弱势地位的公司很容易在竞争中被击败。

可以仔细地思考一下：

- 你身边哪些东西可以满足你的快乐幸福感？
- 你身边的物品以什么样的方式满足了你的幸福快乐感？
- 优秀的公司是因为什么而备受追捧？
- 破产的公司又是因为什么而凋亡？
- 一家公司的价值应该如何去评价？

2.3　股市规律和投资者心态

1. 聪明的投资者总是在优秀的股票估值合理或低估时买入，在股票估值出现明显泡沫时卖出，投资只是在寻找和等待大概率获胜的目标和时机出手

价值投资是选择优秀的股票买入，但是不代表我们在什么时候都可以买入，也不代表买入后一直持有永不卖出，对优秀股票的买入和卖出也有相应的条件和策略。

价值投资是为了获取股价上涨带来的资产增值，不过，它与短线投机者不同的是，价值投资者首先看重的是股票的安全边际，其次是较长时期公司成长导致的股权升值效应推动的股价上涨，而不是短线投机者追求的短期市场情绪躁动导致的股价上涨。这两者虽然在有些时候是重合的，不过本质上还是有差别的。

价值投资者的投资准则都是相同的，即在未来有望表现出色的优秀股票估值合理或低估时买入，等待公司价值成长推动股价上涨，在市场投资者疯狂追逐这只股票，将股价推到过分高估的时候卖出，或者在公司失去增长动力导致投资价值消失时卖出。

所以，聪明的价值投资者眼中的高低是指股票内在价值与市场对股票的定价之间的差距，当市场对股票的定价高于它的合理估值时就是高估，反之就是低估。不关心股票价值的懵懂新手投资者通常是根据当前价格相对于历史高点或低点之间的差距进行高低判断的，这种操作策略必然遭遇时而赚钱，时而被套的结局，极大扰乱投资者的心态，结局多数是以失败告终。至于如何给一只优秀的股票估值，后面的章节再具体介绍。

不管采用哪种策略进行价值投资，原则都是寻找或等待大概率获胜的目标和时机出现时果断出手。主力资金总是在相对安全时买入，在相对危险时卖出，由此推动了股价上涨与下跌的轮回上演。普通投资者需要从机构投资者角度去考虑那些拥有巨量资金的机构投资者在买卖股票时的选择是什么，踏准主力资金的买卖节奏才能在股市中稳定获利。

股市多数时候处于混沌状态，优秀的股票出现绝佳机会的次数很有限，要学会放弃那些平庸的机会，避免参与一些低效的市场博弈，重点抓住那些优质的机会。

大家可以进行如下思考：

- 你是否认真思考过"低买高卖"中股价的低与高如何评判？
- 你是否总结过不同质量的股票涨跌趋势延续的时间长短与延续方式之间的区别？
- 买入股票时，你是否在心中盘算过自己获胜的概率有多大？
- 买入股票时，心中推动你买入的动力源是什么？是情绪、猜想，还是基于对未来市场看涨的理智分析及对当前资产估值合理性的考量后做出的决策？

2. 从中长期角度来看，股价受到股票内在价值的磁性约束，短期股价的波动更多受到投资者情绪的影响，难以找到明确的规律

这里的长期通常是指一年以上，中期是指半年至一年，股价短期的价格波动受市场情绪影响较大，规律不明显。霍华德·马克斯在《周期》一书中总结股价波动的规律为三条：一是不走直线，必走曲线；二是不会相同，只会相似；三是少走中间，多走两端。第一条是股价涨跌从起点到终点通常是曲折前进的，没有走直线的方式。第二条是股价在不同时期涨跌波动的走势只会大致相似，不会重复演绎相同的走势。第三条是股价多数时候是偏离股票内在价值的，股价与股票内在价值重合的时间通常比较短暂。图 2-4 为老百姓 2017 年至 2020 年的股价走势，从走势图中可以看到一波三折是其股价波动的常态。

图 2-4　老百姓 2017 年至 2020 年的股价走势（日 K 线）

不同的人对于公司内在价值的理解也不同，有人说是未来三年或五年的自由现金流折现，有人说是未来十年的自由现金流折现，还有些人说是永久折现值，对此你应该采用彼得·林奇的做法，先把股票按照成长特性和发展阶段进行分类，然后针对性地进行价值估算。巴菲特之所以采用永久价值折现法，是因为他选择的股票通常是那些几乎可以永久经营下去的公司，几乎不碰那些新兴的半导体科技、医药、互联网股票等，因为它们随时都有可能因为竞争失败而破产倒闭。

由于股票的内在价值是动态变化的，股价也围绕股票内在价值上下波动，因此，把股票内在价值与股价的关系说成是一种磁性约束，意思是两者之间没有固定规律的约束但是又存在永恒的内在约束。可以把股票的内在价值看作是一颗恒星，把股价看作一颗受恒星引力约束，但是轨道很不规则的行星。

大家可以做以下两点思考：

- 你是否对比过优秀股票和劣质股票十年期间股票的内在价值与股价的走势？
- 你能找出一只股票一年内股价与内在价值之间波动的规律吗？

3. 从短期来看，市场总是充满不确定性；而从长期来看，市场的很多方向是确定的

你永远不要试图确定某些股票在什么时候会涨跌、以什么样的方式涨跌、涨跌幅度会多大等这些与盈亏高度相关的股价波动问题，如果你试图找到这些问题的准确答案，无疑是自寻烦恼。

股价短期的波动很难准确预测，但是长期的方向可以大概确定，成熟的投资者以淡定的心态抓住那些可以抓住的利润，那些无法抓住的利润就让它随风去吧，知足是福。如果你总是纠结怎么买在最低和卖在最高位置，恐怕你炒的不是股票，而是把股票投资变成了一种折磨，哪来的幸福可言。

4. 趋势的力量是必须敬畏和顺从的，不可怠慢违逆

这里的趋势首先是社会政治、经济、文化等大环境的发展趋势，其次是各个行业的发展趋势，股价的趋势是外部环境影响和投资者情绪集中释放的客观反映，只不过股价通常会提前反映经济变化。

要学会审时度势，放眼未来，敬畏市场，活在当下。这句话也可以用在生活和工作中，如果你深度思考就可以发现它的妙用。

图 2-5 为上汽集团 2016 年至 2020 年股价走势，我们可以看到明显的上升趋势和下降趋势。在优质股票的股价进入上升趋势后，如果投资者不及时参与，就会错过绝佳的投资获利机会；在股价高位震荡后开启下降趋势后，投资者一味看涨做多的结果必然是严重亏损，并且会消耗大量的时间和精力，

身心俱疲。

顺应趋势才能在股市活得长久，才能实现持续的投资增值。

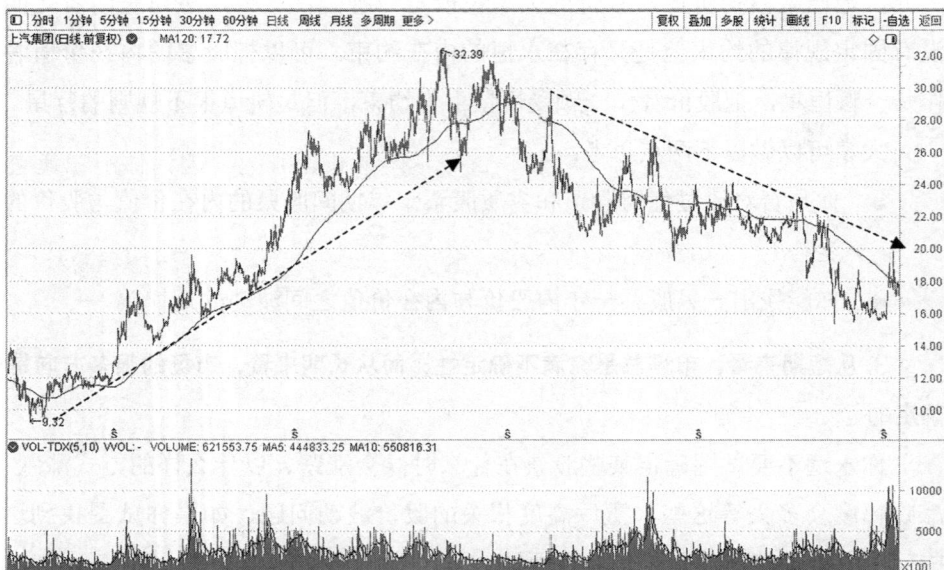

图 2-5　上汽集团 2016 年至 2020 年股价走势（日 K 线）

此时，你可以进行如下几点思考：

- 你能正确分辨趋势吗？
- 你知道趋势产生的根源吗？
- 你能发现盘面上趋势诞生和结束的信号吗？
- 你能从盘面之外的一些信息提前预判趋势逆转的时机吗？

5. 市场亢奋的情绪助涨也助跌，股价大幅波动只是人的贪婪与恐惧的再现，聪明的投资者洞悉人性，懂得与时间相伴，借助轮回的力量实现复利增长，慢就是快

投资者应该冷静对待市场的大幅波动，以股票的未来内在价值为基准评判市场对股票估值的合理性。

巴菲特常说，在别人极度恐惧时贪婪，在别人极度贪婪时恐惧。这句话说的是市场投资者的非理性情绪和羊群效应通常都会在亢奋中把股价推升到严重高估的状态，在恐慌中把股价砸向低估的状态。聪明的投资者会理性地看待市场，利用人的弱点。优秀股票因为市场集体恐慌导致价格被低估时大量买入，当市场情绪恢复到亢奋状态又把股价推向严重高估时卖出股票，低买高卖可以获得巨大收益。这个操作的周期通常是以年为单位，价值投资者需要超乎寻常的耐心、冷静、睿智，成功的股市投资者是反常理的。

6. 不要把鸡蛋放在一个篮子里，"黑天鹅"事件可能出现在任何一只股票上

在一两只股票上重仓甚至满仓是比较危险的投资行为，因为你不知道它什么时候会出现不可预知、不可控制的灾难性事件。

墨菲定律：凡事只要有可能出错，它就一定会出错。如图 2-6 所示，中兴通讯 2018 年遭遇"黑天鹅"事件股价出现九个跌停。这只股票的基本面一直优秀，2016 年至 2017 年走出了慢牛行情，谁能想到在它身上会发生"黑天鹅"事件呢？如果你重仓了这样一只股票，遭遇九个跌停会是什么样的心态？

图 2-6　中兴通讯 2018 年遭遇"黑天鹅"事件致使股价暴跌

股市里没有绝对安全的股票，把资金合理地分散到几个不同的板块和股票中是分散风险的必要策略，以确保你不至于因为一次"黑天鹅"事件而被彻底击垮。

在股市里首要目标是活得久，其次才是获得财富。大牛市通常相隔几年才出现一次，如果你在牛市到来前赔光了自己的本金，那么，再辉煌的牛市跟你也没有关系。

7. 止损要果断

当市场走势变化对自己不利或发现自己当初的判断是错误的时候，必须果断止损。即使是巴菲特也有看走眼的时候，犯错不可怕，可怕的是发现犯错却不止损。

未来可以获得多少盈利由市场决定，你无法控制，但是亏损多少你可以自己控制。放任不断扩大的亏损是十分愚蠢的。

8. 选股和交易必须是以价值分析为主，技术分析只起辅助作用

纯粹的价值投资者通常不需要复杂的技术分析，只需要认真核对股票的内在价值与当前市场对股票的定价。

技术分析有很多局限性，无法及时适应市场的变化，同时，也很容易被主力操控迷惑投资者。

忽略价值分析而单纯使用技术分析进行投机交易，会出现很多困惑，而且最终会以失败落幕。

在明确股票内在价值的基础上，合理使用技术分析和技术选股可以帮助投资者节省时间和精力。

在价值投资的框架基础上，量化交易也是可取的，可以有效避免人的弱点导致的交易失误。

9. 不要试图抓住涨跌的最低点和最高点，也不要期望股价在你买入后能快速上涨，也不要幻想自己每次买卖股票成功的概率可以达到百分之百

期望买入后股价能快速上涨和卖出后股价能如你预想的那样下跌，这样的想法是极其愚蠢的。

不是每一次买卖都能获利的，人都会犯错，巴菲特也不例外。如果你不能容忍偶尔出现的投资失败，甚至不能容忍买入后账面持续浮亏，那么你还是离开股市，因为股市里根本没有完美的投资者。

10. 股市投资者最大的敌人不是市场，而是自己，要学会尊重市场的选择

投资者每一个买卖指令都是他自己的思维下达的，而人的思维包含理性思维和感性思维两部分，当一个人的交易行为没有经过理性思考而纯粹根据

自己的好恶去做交易时很容易犯错导致亏损或错失良机。

市场在进化，投资者必须跟随进化。在不同的时期，投资者需要及时调整自己的思维模式和心态以适应市场的变化。

投资者的知识储备不足并且拒绝学习进步以满足股市投资的需求是导致投资失败的根源。

市场永远是对的，要学会尊重市场的选择。你不可能改变市场，只能改变你自己去适应市场。改变不了就接受，接受不了就改变。

穷则思变，当你发现自己走入死胡同的时候，要学会跳脱固有思维，用不同的视角去审视自己和环境困局，从其他的途径去思考和解决问题。

11. 无论是中长期还是短期，股价波动本质是多空双方博弈的结果，多空可以相互转化

机构投资者资金体量巨大，在股市中有着绝对的主导权。同时，也因为机构投资者资金巨大，而不可能像散户一样快进快出，通常都是精选足够安全和优秀的股票做中长期投资，这也就导致优秀的股票总是走出慢牛行情。

机构资金买入和卖出都需要较长时间，所以，优秀股票在下跌到合理价位和上涨过分疯狂时就是机构投资者买卖的时机，普通投资者可以从容地根据机构投资者买入和卖出的信号进行波段操作。

短期多空双方的博弈造成股价杂乱的起伏波动，小范围的博弈最终奠定长期博弈的格局，蝴蝶效应在股市里是可见的。当股价下跌到合理的价位时，大资金开始进场大量买入，股价开始慢慢止跌企稳，聪明的投资者闻风跟进，最终扭转下跌趋势，股价在底部稳定后就会在合适的时机开始新的上升趋势。同理，上涨到高位后大资金的分批卖出，不断消耗跟风盘的力量，聪明资金见风使舵就慢慢终结了上升趋势。

多空角色是不断转化的。最大的多头是那些在底部不愿意相信股价已经见底的空仓观望者，因为他们最终会追涨买入。最大的空头是曾经在低位大量买入股票的坚定多头，在股价大涨后那些获利丰厚的多头会选择见好就收——卖出股票。多空的不断转化构造了股价涨跌底部和顶部的混沌期，在混沌期是很难在短时间内看清未来具体走向的，投资者只能根据估值分析和经验做出大致的判断。低位买入后被套、高位卖出后大涨或坐过山车体验一次"纸上富贵"也是很正常的事情，不要太过介意。

12. 好股票、好价格、好心态三者缺一不可

好股票的上升趋势更加稳定且持续时间较长，反之则走势难以琢磨。所以，投资那些可以慢慢涨的好股票比投机烂股票出现快速上涨更容易。即使是好股票，在错误的时机买入和卖出也是失败的投资，要静静等待最佳的时机买卖。

在股票的涨跌生命周期中，大部分时间是处于盘整和下跌的状态，耐心等待是收获利润不可缺少的修养。坦然接受股价波动的不确定性，赚自己能赚到的钱，无法预料和掌控的事情就心平气和地接受并且务实地进行应对，不纠结过去的失败和意外，不焦虑未来的无法预测。

13. 股票投资更像是一种徒步穿越冰河的冒险游戏，如履薄冰，步步惊心

参与这种冒险游戏的人需要特别小心谨慎，需要调动所有的知识经验选择路径，密切关注脚下冰面的情况和前方道路的安危，还要防范那些被积雪掩盖的坑洞。

每一次买入股票都是一次冒险，容不得半点马虎，疏忽大意踏错一步就会遭遇生死危局。如果你对这种游戏了解不够透彻，缺乏足够的认知、勇气和激情，请远离这危险之地。

14. 总结

综上所述是我对股市规律和投资者心态的一些总结，也许不算完整，但是足够帮助你从宏观视角形成对股市和股票投资正确的认知框架体系，微观的交易规则在后面的章节中具体介绍。

同时，在对股市正确认知的基础上，投资者想要进入股市进行股票投资需要逐项确认自己是否具备以下相应的条件：

- 你投入股市的资金是两年内都不会用上的闲置资金，还是短时间内必须要动用的紧急资金？因为股市未来的涨跌规律没法准确预测，一波上涨趋势从构建到上涨顶部完成至少要经历 4 个月至 1 年的时间，在这期间你的资金需要留在股票账户中随时备用。

- 你是否已经清晰地理解股价短期和中长期波动的本质动因。

- 你会分析国家政治、经济动态吗？你能理解央行货币政策与经济兴衰之间的内在联系吗？

- 你能理解商业兴衰的奥秘吗？你能洞见未来的经济前沿行业吗？

- 你能理解公司的内在价值吗？你能对公司的价值给出合理的估值吗？

- 你能从股价走势中理解市场的选择吗？你能理解聪明资金的选择和行为特征吗？

- 你了解你自己的性格和知识储备量吗？你是否审视过自己的思想、言行？

- 你的格局有多大？你是打算做短线投资、波段投资、价值投资中哪一种呢？

- 你在面对波澜起伏的股市时，内心是平静还是会跟随价格波动而翻腾？

- 你是喜欢快速获得小小的满足，还是喜欢忍受一段煎熬而获取未来更大的奖励？

- 你在面对大量浮盈因为没有在高位卖出最后只赚点零头甚至止损出局时会怎么办？

- 你在弱势震荡行情中连续遭遇好几次止损操作时如何应对？

以上这些问题，如果你还没有完全弄清楚也没有关系，因为在后面的章节中会逐一清晰阐述交易体系的所有环节，你也许能找到所有的答案。在此提出这些问题是要提醒投资者，如果在对股市的认知有欠缺时进入股市将会遭遇一些挫折。

股票投资与一个人的学历无关，而是与他的认知体系和心态修养有关，你想做好股票交易首先应在哲学和心理学上多多涉猎，从社会的宏观层面和本身微观内心世界去观察股市的规律；其次应学习金融、财务、商业等与股票密切相关的专业知识，帮助你理解商业兴衰背后的奥秘。

学习各种股票相关的知识都是为了帮助你感悟股市的道，在你明悟股市的道之后，将道用于你的交易中就是术，之后你才能纵横股市，无往不利。

下面列出几个典型股票的走势图，可以对比下不同质地的股票长期走势的区别。

从智飞生物、五粮液、上汽集团等这些优质股票的股价长期走势我们可以看出，优秀股票的股价在经过 5 年或 10 年后可以上涨几倍甚至十几倍，股价每次大幅回撤的低点也是在不断抬高的，这意味着你只要在每次大跌之后买入，大概率过几年之后都能取得不错的投资收益，具体走势如图 2-7、图 2-8、图 2-9 所示。

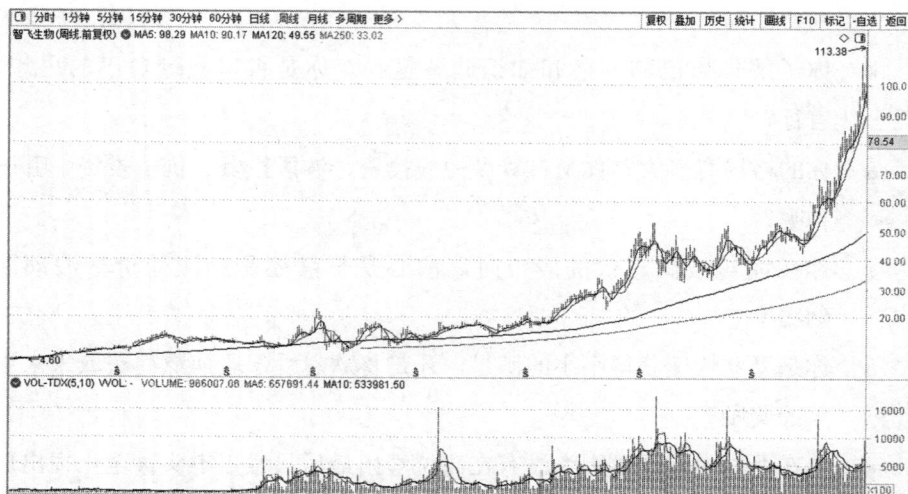

图 2-7　智飞生物股价走势（周 K 线）

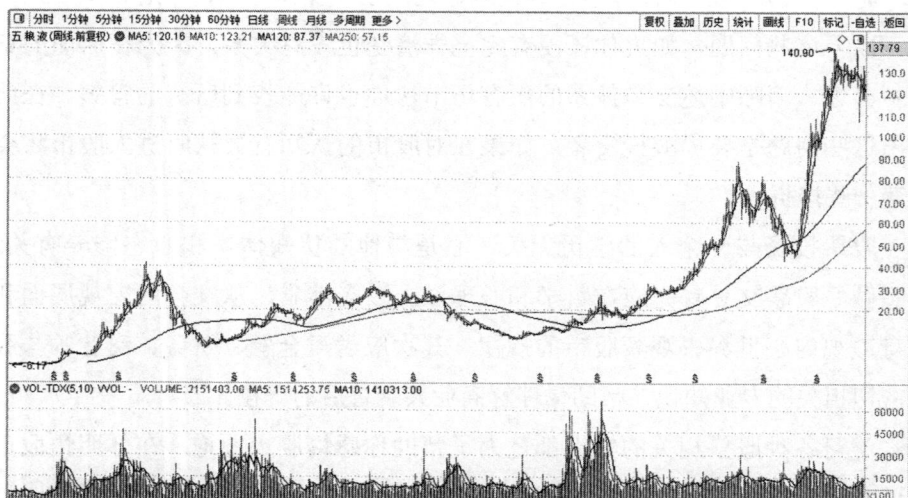

图 2-8　五粮液股价走势（周 K 线）

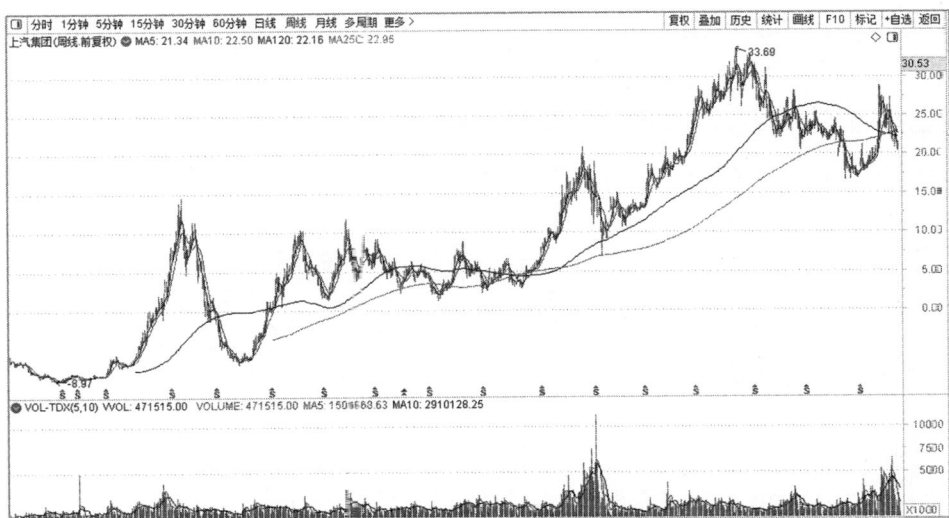

图 2-9　上汽集团股价走势（周 K 线）

优秀股票之所以受到投资者的青睐，首先是因为它提供的安全边际较大。这类股票的基本面很稳，厂乎不容易出现大幅亏损的情况，机构投资者最喜欢这样极度安全的股票，买的人多了，股价自然有更坚实的支撑。其次是优秀股票盈利能力明显强于其他竞争对手，股票的内在价值随着时间不断增长，有些甚至是指数级的增长，成长为市场上的巨无霸企业，比如腾讯、阿里巴巴、京东、美团等企业。

至于优秀股票有哪些特征及如何筛选优秀股票，会在选股策略章节中进行详细讲解。这里只是让大家从较大时间跨度的视角去感受价值投资的魅力。图 2-10 和图 2-11 为千金药业和安阳钢铁的股价走势，它们代表的是制造业，公司创造价值的能力在不断走弱，虽然不至于破产倒闭，但是投资者已经很难看到它未来走向辉煌的希望，股价不太可能随着时间的推移不断走高，即使偶尔因为市场情绪的扰动导致股价大幅上涨，但最终还是从哪里涨起来再跌回哪里去。这样的股票没资价值比较低，且面临的未来不确定性较大，投资者需要回避。

当然，这里是指公司当前的状态是看不到什么希望，不代表它未来一定没有希望走向辉煌。市场的风云变幻多端，如果公司管理层懂得如何扬长避短、开拓创新就能带领企业找到更好的盈利模式。

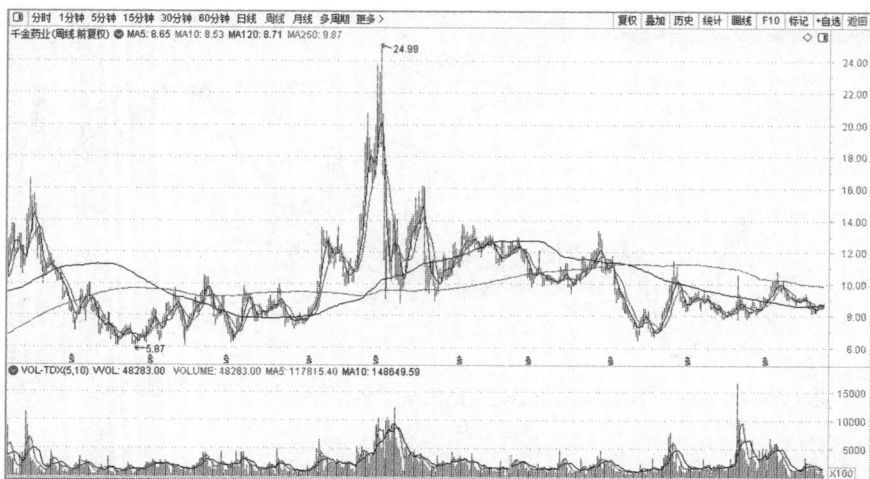

图 2-10　千金药业股价走势（周 K 线）

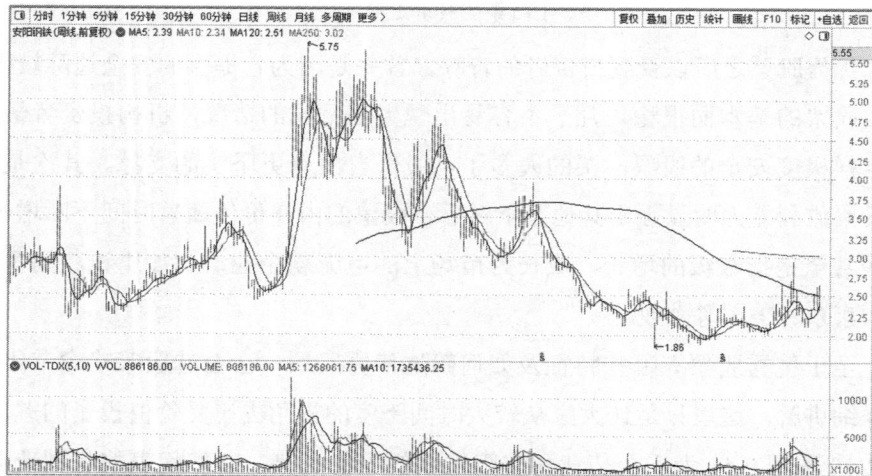

图 2-11　安阳钢铁股价走势（周 K 线）

上海证券交易所对于连续两年业绩亏损的股票实行风险警示，在股票名称前加 ST（special treatment，特别对待）作为标示，如果第三年还是亏损，那么，上海证券交易所会在 ST 前加 *，其示意如图 2-12、图 2-13 所示。*ST 表示公司极有可能因为业绩持续三年不达标而退市。从那些被 ST 的股票来看，发展潜力小、经营能力差的公司往往会随着时间的推移被市场淘汰，这样的股票投资价值很低，更大概率会导致投资者的财富毁灭，那些退市的股票就是先例，比如暴风影音、乐视网等。

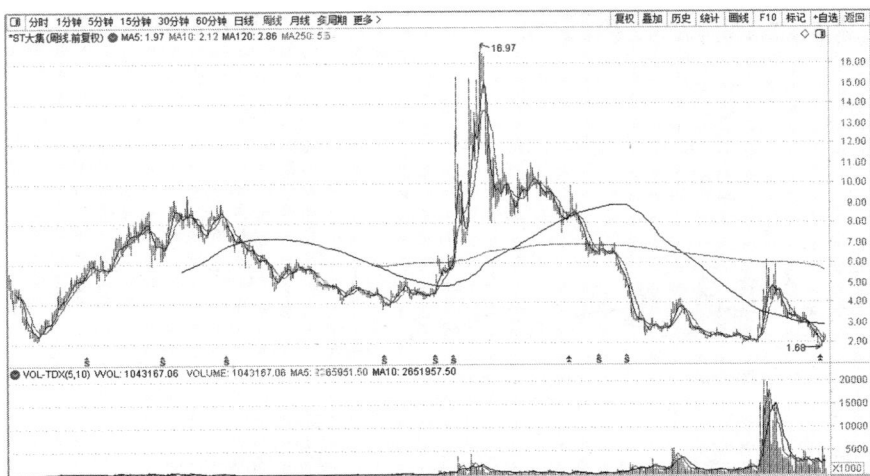

图 2-12　*ST 大集股价走势（周 K 线）

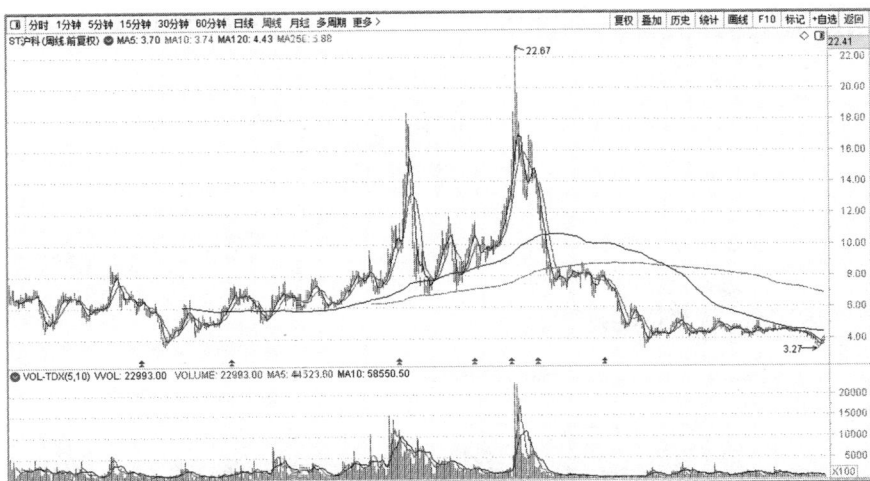

图 2-13　ST 沪科股价走势（周 K 线）

投资股票其实最终投资的是一种商业模式和企业背后的管理者，你投资一家公司代表你看好它的商业模式并认可公司管理者的能力。你是喜欢把钱交给一个德才兼备的优秀管理团队还是交给一个一无是处或平庸的企业管理者？

图 2-14 和图 2-15 分别为东方通信 2019 年和方大炭素 2017 年的走势，我们可以看出妖股的一些共同特征。这类股票的股价上涨时如火箭般直冲云霄，见顶后其回落的速度和幅度也同样剧烈，高位被套者往往面临巨大的亏损风险，通常只能选择在更低的价格退出。

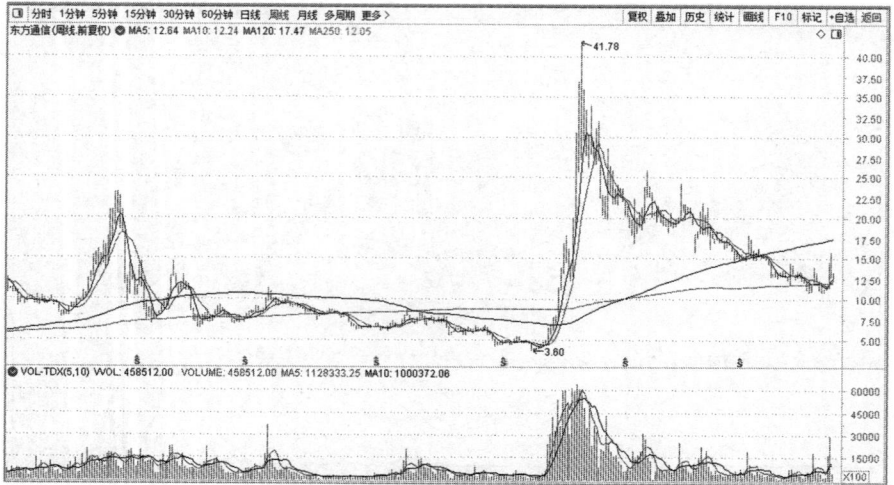

图 2-14　东方通信股价走势（周 K 线）

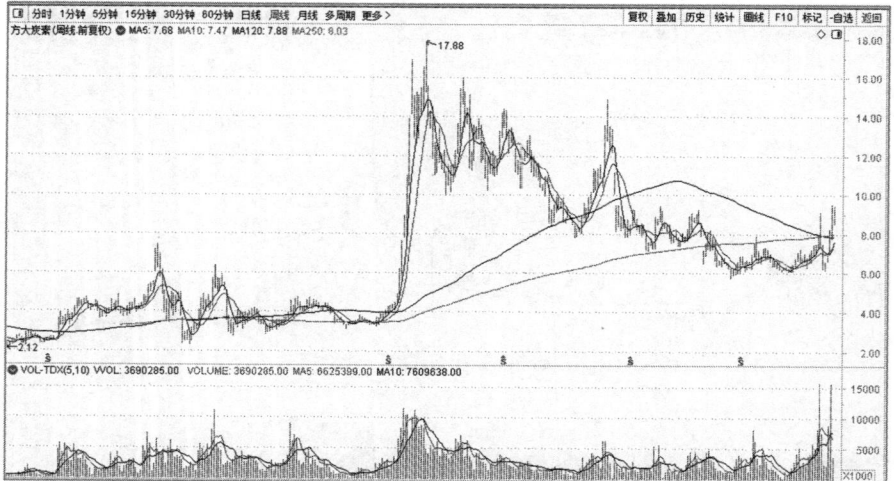

图 2-15　方大炭素股价走势（周 K 线）

妖股涨得猛，跌得也狠，通常从哪里涨起来就再跌回到哪里去，没有良好业绩成长支撑的股价暴涨通常都会回归基本面。例如，万集科技在 2019 年受益于国家推行的 ETC 普及政策而使公司业绩大增，股价 10 个月内暴涨八倍，这样的情况不属于妖股行为，因为妖股通常很难提前获取信息，也很难找到放心的买点介入，追涨买入后也会因为贪婪和恐惧导致最终获利很少或亏损出局。在这种情况下，投资者不仅承受巨大心理压力的同时没法实现财富增长，还可能消耗投资者的时间和精力，且损害健康。

第3章

选股策略

选股是指选择值得买入的股票，也就是那些未来能够实现价值增长的股票。选股策略就是解决买什么样的股票可以实现稳定盈利的问题，一套行之有效的选股策略可以帮助投资者在纷繁复杂的股市中快速找到那些具备投资价值的优秀股票，同时，避开那些用虚假繁荣包装的伪价值股和财务造假的公司。价值投资者的选股策略和短线投资者的选股策略截然不同，我这里重点介绍价值投资者的选股策略，其实，有些时候价值投资者与技术投资者的选股策略会有重合的地方，只不过激进型的短线投资面临的不确定性和风险性比较大，不适合普通投资者。

游资炒作题材概念股的策略通常是在市场环境稳定和高度亢奋的情况下，根据市场某些行业的特殊利好消息或重大的产业政策，去寻找那些流通盘不大且与概念热点关联比较大的股票，利用资金优势拉升股价并吸引越来越多的跟风者参与，形成一种击鼓传花的局面。

无论价值投资派还是短线投资派，最终目的都是从股价波动的差价中获取利润。一只股票能够给投资者带来利润，它才是有价值的，这是股票价值定义的底层逻辑，只不过价值投资派、技术派和游资派对股票价值定义的侧重点各有不同。价值投资派偏向于考察上市公司本身的内在价值、未来成长性、市场竞争力与当前的市场估值之间是否存在盈利机会；技术派在关注股票本身基本面的同时更多通过分析股票盘面的一些 K 线形态和技术指标形态来预测未来的股价走势方向从而评判股票是否具备盈利的价值；游资派是见利则动，只要是有利可图的股票，游资都会去参与，只不过激进型游资更喜欢操作那些市场追捧的概念题材小盘股，通过短期操作获取巨额收益，这样游资承担的风险会比较小，时间成本和资金成本都是最低的，可以避免承受太多市场的不确定性。

3.1　股票的价值

股票的未来价值驱动股价的涨跌波动，价值投资派选择股票首先着眼的是股票未来的价值，那么，我们怎么评估股票未来的价值呢？这需要使用底层思维去探寻股票的本质，从中发现股票的投资价值。下面带领大家使用逆向思维链条推导法探寻股票价值的本源。

问题：股票未来的价值由什么决定？

答案：由公司未来价值增长的确定性和成长空间的大小及增长速度决定。

问题：公司价值增长通过什么方式实现？

答案：通过企业经营的商业模式实现。

问题：公司的商业模式是怎么构成的？

答案：商业模式是公司组织运用人力、资本、物资等生产资料制造产品或服务，再把产品或服务销售给客户获取利润的流程形式，大体有四个步骤：一是选定目标客户、经营方向和商业模式；二是筹集资本并构建资产；三是创造产品或服务；四是销售产品或服务获得收入。

简言之，商业模式就是以什么样的方式去满足目标客户的需求，以什么样的方式经营企业。

问题：懂得商业模式的人都能开公司赚钱吗？

答案：不是，有很多人开公司把自己弄破产了，其中包括一些有资金、有头脑、有见识的人。有些人成功登上巅峰后不思进取或做出错误判断等，同样会导致企业衰落失败，比如诺基亚手机、柯达胶卷的案例值得警醒，金立手机破产的例子则更为经典。

问题：什么样的公司才能驾驭商业模式？

答案：优秀的企业家和管理者所管理的有竞争力的公司才能驾驭商业模式获得成功。

问题：商业模式是以什么作为存在基础？

答案：社会的各种需求。

问题：社会的各种需求为什么会持续存在？

答案：人类对于美好事物和美好生活的追求是永无止境的。

以上是关于企业价值的逆向思维链条椎导到人的心理情感需求，我们已经得到想要的答案了。经营商业是一个逆向思考的过程，企业家先从社会的某种需求出发去筹划企业的商业模式，然后组织企业的架构，随后筹集资本购建资产实现商业模式的落地运营。如果企业家不做市场需求调研，完全凭借主观臆断去创造产品或服务推向市场，失败的可能性比较大。

简言之，企业的一切活动以客户的需求为导向，为客户提供便利是企业生存和发展的基础。

3.2　商业的本质

一只股票对应一家公司，公司是社会经济中的重要角色，公司创造价值是通过商业经营实现的，因此，大家要理解股票的价值就必须理解商业的本质。

商业的本质是企业经营者立足于国家、社会发展现状及未来发展方向（政治和社会经济），整合各种生产资料、人力资源和资本等可用资源，利用先进的技术和高效的管理，高效率低损耗地生产创造出满足目标客户需求的产品或服务，通过高效的销售渠道将产品或服务以优势价格销售给尽可能多的用户从而获得利润。它有四个核心环节：

- 选择目标客户、经营方向和商业模式。
- 整合资源（资本、人力资源、物资、商业渠道等）。
- 创造产品或服务。
- 销售产品或服务。

优秀的企业家必须在这四个环节中做到最佳的平衡并熟练高效地驾驭商业活动，才能保证企业在商业竞争中行稳致远，做大做强。

商业的首要核心是目标客户的选择，以及客户的需求是否具备较大的商业价值，其次是满足这种需求的方式和方法，最后是达成交易获得利润。

彼得·德鲁克说："商业的本质就是思考你为这个世界带来什么样的幸福。"由于商业是为了满足人类社会的某种需求而创造产品或服务，而人们的需求除了基于生存本能产生的安全感需求外，人们对于物质或服务的需求都是为了追求某种幸福快乐感或成就感，其中，成就感是更高层次的幸福感。

在选定目标客户、经营方向和商业模式后，商业的运作流程可以概括为整合资源筹集资本→购建资产→创造产品或服务→销售产品或服务从而获得利润。

图 3-1 为从现金流动的角度分析商业活动过程。

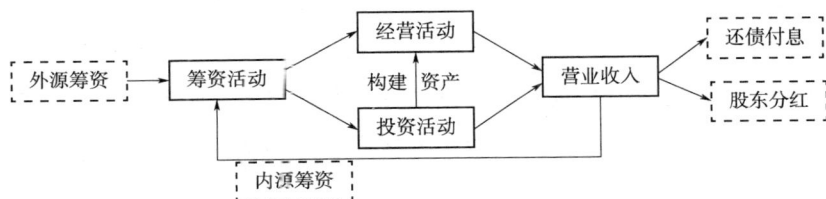

图 3-1　从现金流动的角度分析商业活动过程

图 3-2 为从资本与资产的转变过程分析商业运营过程。

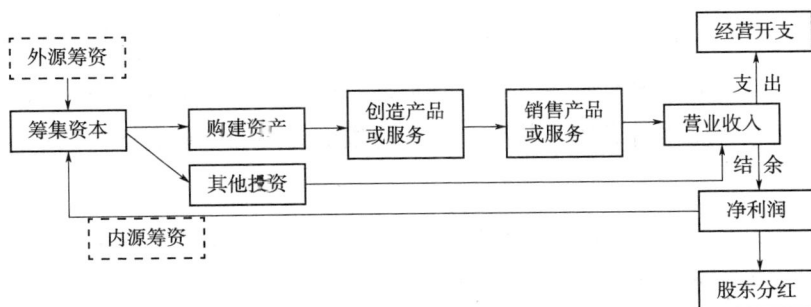

图 3-2　从资本与资产的转变过程分析商业运营过程

公司筹集资本是筹资活动，而购建资产和进行其他投资就是投资活动，创造产品或服务和销售产品或服务并获得营业收入则是经营活动，营业收入的资金分配属于公司的财务运作。

企业家投入资本驱动商业模式运行，以产品或服务为载体承载资本运作和员工劳动所创造的附加值，最终销售产品或服务获得比经营成本更多的现金。

一个商业模式的成功必然是在某一个市场环境中以目标客户需求为核心并努力经营达成交易获得稳定可观利润的结果。

同时，客户根据社会属性可以分为消费者和企业，也就是我们常说的 to C 和 to B。消费者根据群体属性又分为个体消费者和团体消费者，个体消费者是指某个人和某个家庭，他们是社会最基本的构成元素；团体消费者是指社会中各种法律赋予其生命的组织团体，包括企业、公益团体、政府机关单位、具有社会公益性的事业单位。

公司的筹资活动可以分为内源筹资和外源筹资，内源筹资来源于公司大股东投入的原始资本和公司经营获得的现金流，外源筹资是公司从公司之外的金融机构或投资者筹集资本，常见的外源筹资包含债务筹资和股权筹资。债务融资的方式包括银行贷款、发行债券、发行可转换债券等，股权融资包括在资本市场发行普通股、优先股。可转换债券和优先股是比较特殊的金融市场融资工具。

公司选择什么样的筹资模式取决于公司经营现状，以及所投资的项目盈利把握大小，在公司经营现金流非常充足时公司更喜欢债务筹资，因为还本付息没有压力且不会损失公司股东的股权利益，一旦债务无法及时偿还容易引发公司财务危机甚至是破产或被收购的结局；而如果公司经营现金流紧张或对将要投资的项目没有太大的盈利把握时会倾向选择股权融资，因为股权融资没有强制还本付息的条款，公司占用投资者的资金更利于公司应对未来的不确定性。

非金融专业的股票投资者最好学习一些金融基础知识和财务会计知识并达到能够理解公司的商业模式和读懂公司财务报表的地步，这些知识可以帮助投资者理解股市各种信息与股价波动之间的联系。金融投资需要专业知识，巴菲特作为著名的投资者，他的成功靠的可不是运气，而是专业、耐心和激情。

公司的资产按公司留存的时间长短可分为流动资产和非流动资产，划分时间期限通常为一年。按照资产对公司营收贡献的功能可以分为金融资产和经营资产。

生产制造分为自建工厂制造和代工制造两种方式，它们各有利弊，企业会根据自己的发展状况和未来规划作出明智的选择。

销售主要分为线下渠道销售、互联网线上销售、线上与线下结合这三种模式。线上与线下结合的销售模式也称为 O2O（online to offline)，不同的企业会有不同的选择。广告传媒在企业销售产品或建立品牌影响力中发挥重要的作用，优秀企业的品牌价值不可估量。

商业模式在不同行业中的差异是比较大的，即使是在同行业的竞争对手也会有不同的商业模式。比如，制造业与服务业的商业模式明显不同，金融业跟其他类型企业的商业模式差异也比较大。又比如，同样是房地产，长实集团与万科、恒大、碧桂园的商业模式明显不同，万达集团与普通房地产企业又不同。不同商业模式的盈利方式千差万别，有的依靠品牌竞争力，有的靠地域限制条件，有的靠技术壁垒，有的靠薄利多销守住阵地。对商业模式的透彻理解可以帮助自己在分析企业竞争力时快速看透企业的本质并识别一些伪价值股和伪成长股。

3.3　分析股票的价值

在理解商业的本质和商业经营的流程后，会发现股票的价值多少取决于公司未来创造营业收入和利润的能力高低。因此，评估公司未来营收或盈利增长能力就是分析股票价值的重点。公司未来盈利能力的分析通常可以分解为确定性和成长性，或是进行定性分析和定量分析。确定性包含历史表现出的经营能力、竞争力确定性和未来发展前景确定性。成长性是指未来几年的大致成长空间和业绩增速，如图 3-3 所示。

先来简单分析确定性，企业历史表现出的经营能力和营利能力可以让我们知道一家企业的管理能力和历史表现出的企业竞争力，那些新生的科技型企业在发展初期，业绩表现虽然可能未达到预期，但若拥有核心技术优势，这种优势可能成为其不断成长为未来"独角兽"的基石。

```
                                      ┌─────────┐
                            ┌─────────│ 成长空间 │
                  ┌──────────────┐    └─────────┘
          ┌───────│ 成长性（未来）│
          │       └──────────────┘    ┌─────────┐
   ┌─────────┐                └───────│ 增长速度 │
   │ 股票的价值│                        └─────────┘
   └─────────┘                        ┌────────────┐
          │                  ┌────────│ 未来的确定性 │
          │       ┌─────────┐ │       └────────────┘
          └───────│ 确定性  │─┤
                  └─────────┘ │       ┌────────────┐
                              └────────│ 历史的确定性 │
                                      └────────────┘
```

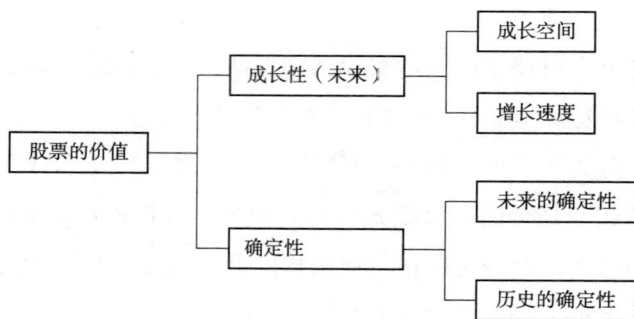

图 3-3　股票价值的构成

　　企业的成长通常是建立在一个历史积累上不断发展壮大，企业的未来与企业的历史积淀有一定的联系，特别是一些技术依赖型企业和依赖规模效应型的企业。通过分析企业的历史经营策略和营收情况，可以对企业管理层的管理水平、企业文化、企业竞争力、企业营利能力做出一定的判断，如图 3-4 所示。

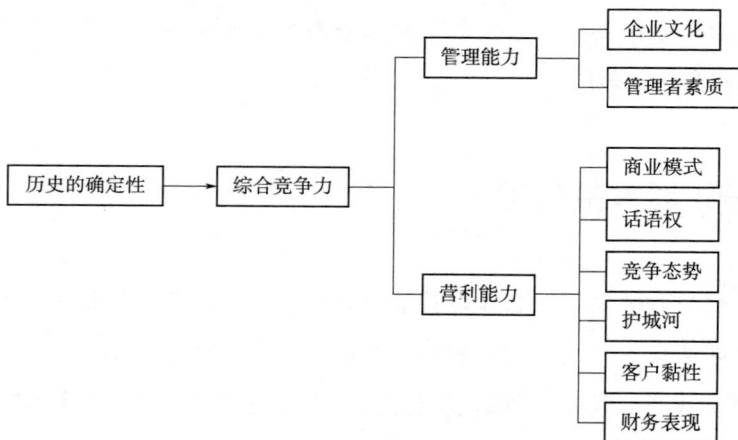

```
                                            ┌─────────┐
                                   ┌────────│ 企业文化 │
                          ┌─────────┐       └─────────┘
                   ┌──────│ 管理能力 │
                   │      └─────────┘       ┌───────────┐
                   │               └────────│ 管理者素质 │
 ┌────────────┐    ┌─────────┐              └───────────┘
 │ 历史的确定性 │────│ 综合竞争力│             ┌─────────┐
 └────────────┘    └─────────┘      ┌────────│ 商业模式 │
                   │                │        └─────────┘
                   │                │        ┌─────────┐
                   │                ├────────│ 话语权  │
                   │                │        └─────────┘
                   │                │        ┌─────────┐
                   │      ┌─────────┐├────────│ 竞争态势 │
                   └──────│ 营利能力 │        └─────────┘
                          └─────────┤        ┌─────────┐
                                    ├────────│ 护城河  │
                                    │        └─────────┘
                                    │        ┌─────────┐
                                    ├────────│ 客户黏性 │
                                    │        └─────────┘
                                    │        ┌─────────┐
                                    └────────│ 财务表现 │
                                             └─────────┘
```

图 3-4　企业竞争力的构成

　　虽然过去优秀的企业将来不一定还会优秀，而那些过去表现一般的企业未来也有可能变得优秀，但投资决策应当基于安全边际的原则，需要寻找大概率能够保证资金安全并稳定获利的目标。那些历史表现优秀的企业大概率可以保持竞争优势，而那些历史表现较差的企业想要变得优秀需要特定的条件，在特定的条件没有出现之前，投资者怎么可能认定这家企业将来能变得优秀呢？未来的不确定性是投资者十分厌恶的。

投资是在投资企业的未来价值和信用，企业优秀的历史能够赋予它更高的信用，投资者更容易相信它未来可以变得更好，或者至少不会变得太差，以保证投资者的资金安全并张可能有不错的收益。

股票未来的价值 ＝ 股票内在价值 × 确定性 × 未来成长性

在股市中，公司历史所表现出的确定性虽然能够给予投资者信心，但是决定股价未来涨跌的不是过云表现出的确定性，而是未来发展前景的确定性。前景广阔的行业才会有钱赚。资本逐利的本性必然推动资本流向那些利润更丰厚的行业。股价的涨跌与企业近期和未来的营收及利润的增长密切相关，而且股价会提前反映企业的业绩变动。所以，常会看到一些热门行业股票估值总是偏高，股价却能在天上飞舞不落地，那些萧条的行业股票估值偏低，股价在地板上躺着却没有多少人愿意去买。至于为什么是这样的情况，会在后面的估值部分详细论述。

3.4　股票的确定性

知道了股票确定性的构成及其缘由，那么，怎么分析股票历史表现出的确定性和未来的确定性呢？首先是如何分析股票未来的确定性。公司未来的确定性取决于公司所处行业的发展路径是否足够清晰且需求巨大并具备明显的商业价值。那些未来发展前景十分明朗的行业和公司都具备较高的未来确定性，比如新基建、5G 物联网、大数据、半导体产业振兴、生物医药医疗、清洁能源、新能源汽车、环保、轨道交通、城市圈战略、自由贸易港等确定长期支持的重点产业。

分析公司未来确定性偏向于定性分析，目的是确定一个疑问，即公司未来是否能够实现稳定或较大的业绩增长。那些能够实现未来稳定增长或较大增长的公司就是好公司，反之，暂时先不考虑把它作为投资目标。分析公司历史表现出的确定性比较容易，只需通过分析它的管理能力和营利能力就能得出清晰的判断。其中，公司的管理能力主要通过了解公司的企业文化和管理层素质进行分析，公司的营利能力包含营收能力和盈利能力，有些公司没有多少利润但是公司却能不断壮大也会引起公司估值的不断提升。而影响公司营利能力的因素包含商业模式、市场话语权、竞争态势、护城河、客户黏性、财务表现等方面，下面分别进行详细介绍。

1. 企业文化和管理层素质

投资者判断公司的管理能力可以通过考察公司的企业文化、管理层素质、经营策略做出一个大致准确的判断。阅读公司的章程、招股说明书、年报、相关新闻报道可以了解企业文化，它是公司的精神源泉，决定公司的格局和软实力，优秀的企业文化可以最大限度激发公司团队的协作能力，在市场竞争中取得一定优势。那些没有企业文化、品德败坏、只图眼前利益的公司通常只是昙花一现，欺骗投资者和消费者，损人利己。管理层的素质可以通过公司公告、新闻采访或其他途径的文章解读了解关键核心管理人员的品德修养、知识积累、专业能力、人格魅力等攸关企业兴衰的无形因素。经营企业就像是驾驶一艘船舶在风云莫测的大海中航行，核心管理层是船长的角色，决定企业的生死，是保证公司能否行稳致远的关键人物。

经营策略是公司管理层根据市场环境和公司现状与发展目标经过理智思考后作出的一系列决策和行动，决定未来的经营成果。如果你不懂商业经营策略可以不看，因为经营策略的好坏最终会反映在公司的营收水平、利润率和市场占有率等财务数据上。只不过财务数据通常具有片面性而且有时不准确，或是按照会计准则汇总出的财务数据并不能清晰反映公司经营策略的好坏，因为经营策略效果的实现有时会超过一年时间，而会计准则核算周期是一年。所以，阅读财务报表是一项要求比较高的技术活儿，对商业理解十分透彻而且对会计准则十分熟悉的财务分析师才能作出准确的判断，查理·芒格就是这样的顶级大师，普通投资者很多都不具备这样的能力。

2. 商业模式

具体分析一家公司的商业模式优劣，还需要从商业的本源入手，详细分析项目如下：

- 公司所属的行业及公司的目标客户群是谁？

- 公司在产业链中的角色，以及价值大小如何？
- 公司的产品或服务满足社会什么样的需求？
- 客户的需求市场有多大？持续性如何？消费频率如何？
- 公司以什么样的方式整合资源（资本、人力、物资）？
- 公司以什么样的方式创造产品或服务？
- 公司采用什么样的方式营销？
- 公司以什么方式获取品牌力？
- 公司以什么样的方式吸引和留住客户？
- 公司以什么样的方式占领市场、获取利润或扩大营收？

3. 话语权

公司的话语权表示公司在与上游供应商合作和向下游客户销售产品或服务时享有的资本占用和定价权。对上游供应商话语权较强的公司通常是占有较大市场份额的龙头公司或具备某种垄断权的公司，这影响到公司的经营成本和效率，占用供应商的资金和产品可以为公司节省大量资金和时间成本，向供应商采购产品或服务时议价权也有利于降低公司成本。对下游客户话语权较强的公司通常是产品或服务受到客户极力追捧的优秀公司，定价权掌握在公司手中，这对于公司的利润影响重大，也有利于公司对抗经济衰退时期，利润微薄的公司往往经不起经济困境的打击。

4. 竞争态势

它是指公司所处行业领域的竞争状况是竞争激烈还是鲜有敌手，这不仅是公司与其直接竞争对手之间的竞争状况，也包括公司的上下游客户之间的竞争状况。因为市场经济并不是独立的一个个小圈子，而是相互关联的经济网，公司在市场中的生存状况不仅取决于自身的竞争能力，还与上下游客户的竞争能力密切相关。在商海"搏杀"中，既有商务合作，也有利益博弈。如何审时度势做出对自己公司当前及未来发展最佳的选择，十分考验公司管理层的格局与智慧。

5. 护城河

公司的护城河是指公司抵抗竞争对手夺取公司市场份额的能力。顾名思义，它是指公司抵御竞争对手进攻的防御能力，护城河越宽越深，敌人越难对公司的领域造成伤害，人无我有、人有我优。

公司的护城河通常由以下因素构成：

- 垄断优势（技术专利垄断、地域垄断、行政审批垄断）。
- 经营优势（优秀的管理能力、高效的生产销售能力、优秀的成本管控能力）。
- 资本优势（巨大的资本壁垒、更低的融资成本、更多的融资渠道）。
- 品牌优势（品牌知名度、品牌信誉）。
- 创新优势（研发能力、市场敏锐感）。
- 客户黏性（客户更换产品成本、客户消费惯性、换位思考能力）。

哈佛大学商学院的迈克尔·波特于 1979 年提出了"波特五力模型"，这一理论模型被广泛应用于行业分析和商业战略研究。五力分别是供应商的讨价还价能力、购买者的讨价还价能力、潜在竞争者进入的能力、替代品的替代能力、行业内竞争者现在的竞争能力。它其实是一个分析企业竞争力的思路框架，也许不能适用于所有类型的企业，而且得出结论需要大量的调研数据，普通投资者未必能做到，不过这种分析思路值得投资者借鉴。

6. 客户黏性

客户黏性是指公司的产品或服务能够吸引客户持续关注并购买自己的产品或服务，客户不会轻易去换成其他竞争对手的产品或服务。具备客户黏性的产品必然具有某种优势，必然能够更好地满足客户的某种心理需求，让客户觉得物有所值，即使价格比同类产品昂贵，消费者也会心甘情愿地花钱购买。比如，手机和相关电子产品就是典型的高客户黏性产品。客户黏性还有一种方式是通过增大客户更换成本来实现，比如电脑操作系统，几十年的时间让大家已经习惯了它的操作界面。企业要使自家产品或服务具备更好的客户黏性需要时刻关注以下方面：

- 产品或服务是否能够给客户提供更多的便利或幸福快乐感？
- 客户是否满意产品的质量性能？
- 客户是否有更换其他替代品或升级换代品的倾向？

- 客户更换其他品牌产品或服务的成本大小？
- 客户希望产品能够有哪些改进？

7. 财务表现

公司的历史盈利能力，可以通过企业的历史财务数据得出结论，以下是投资者重点关注的七项财务分析数据：

（1）净资产收益率（ROE）

$$ROE= 净利润 \div 净资产 = 每股收益 \div 每股净资产$$

对公司 ROE 的要求是能够持续维持较高的水平，且高于竞争对手。不同行业的 ROE 虽不能简单对比高低，但可从侧面反映出商业模式的优劣、行业的景气程度和竞争激烈程度。高景气行业通常有较高的 ROE，竞争激烈的行业往往 ROE 较低。它也是最能充分代表公司历史确定性的财务指标。如果公司经常实现 ROE ＞ 15，说明公司盈利能力较强且稳定，反之则说明盈利能力较弱或竞争激烈。制造业通常是重资产且周转期偏长，因此其 ROE 普遍低于其他轻资产型公司，对于制造业公司可以把优秀的标准设定为 ROE ＞ 12。那些 ROE ＞ 20 且能持续保持的公司通常是出于高景气行业或处于垄断地位的公司，这样的公司，要留意分析它未来是否依然能够保持高增长。

（2）资产负债率

在看 ROE 时，需要关注公司的资产负债率，如果公司的利润是通过大规模借债进行短时间规模扩张产生，这样的利润增长是否可以持续需要仔细分析市场需求和公司产品竞争力，尤其是那些借债扩张导致利润增长而净利润率大幅下滑的企业，不恰当的借债扩张可能隐藏债务危机的风险，因为一旦未来出现营收不及预期就会影响利润增长和债务偿还，出现危险的苗头时股价通常会提前下跌或爆雷后发生极端下跌行情，会使投资者损失惨重，要远离这样的股票。

通常情况下，资产负债率低于 50% 是合理的，低于 35% 最好，超过 65% 应该引起警觉，超过 70% 是比较危险的，特别优秀的公司几乎没有多少有息负债。不过，要根据不同的行业和公司发展的不同阶段和需求灵活看待资产负债率，不能简单粗暴地用一个简单的数字评判优劣。而在现实的市场经济中，一些资产负债率看起来偏高的真实负债率没那么高，单纯看财务报表上的资产负债率有时会被误导。

下面简单介绍一些财务数据的由来：

- 资产负债率 = 总负债 ÷ 总资产。
- 总资产 = 总负债 + 股东权益。
- 总负债 = 流动负债 + 非流动负债。
- 流动负债 = 短期负债 + 应付款项 + 预收款项。
- 净杠杆率 = 总负债 ÷ 净资产。
- 有息负债率 = 有息负债 ÷ 总资产。
- 有息负债 = 总负债 − 预收款项 − 可滚动覆盖的应付款项。
- 净有息负债杠杆率 = 有息负债 ÷ 净资产。

非流动负债通常是一年以上的长期负债，短期负债通常是指一年以内的债务和一年内即将到期的长期债务。财务报表上的资产负债率不准确的问题在于预收款项和应付款项的归类上，下面进行详细分析。

应付款项是企业协议约定延迟支付给上游供应商和服务商的费用，是由公司赊购或协议分批付款约定造成的正常财务状况。那些在市场中对上游供应商有绝对话语权的公司可以支付很少的定金或不支付任何费用就可以获得需要的生产资料和服务，按照协议约定的日期延期支付货款给上游供应商。

比如，苹果公司购买一些材料和设备时只需要支付少量定金，约定三个月后付清货款，而在这三个月内苹果产品已经完成生产并销售出去获得了大量营业收入，用营收偿还上游供应商的货款。苹果公司只需投入少量自有资金就可以驱动一整套商业模式的运营，用别人的钱赚钱是顶级的商业模式，但是这需要公司在市场中有绝对的市场竞争优势和市场占有率才能吸引上游供应商牺牲自己的一些资金换取大客户的青睐。

应付款项属于公司对上游供应商的负债，迟早要还，由于还款期限较短，所以，属于流动负债，对于像苹果公司这样经营现金流非常稳定且资金周转周期很短的公司而言，应付款不算是流动负债，因为公司的经营现金流足以应付这样的还款协议。但是对于那些资金周转周期超过协议还款期限的公司而言，应付款属于公司的流动负债。市场中大多数公司都没有苹果公司那样的高效资产周转率，所以，在计算流动负债时需要认真分析公司的经营状况。

预收款项是公司接受了下游客户支付的产品或服务定金，公司将会按照约定交付产品或服务的协议购买约定。由于公司只需要按时交付产品或服务，不需要支付现金，因此，预收款项其实不属于有息金融负债，属于合同责任负债，在计算资产负债率时把预收款计入流动负债是不合理的。

下面以万科 2019 年的财务报表为对象分析它的负债表构建问题，具体内容见表 3-1。

表 3-1　万科 2019 年 12 月负债表

单位：元

	2019 年	2018 年	本年比上年增减	2017 年
营业收入	367,893,877,538.94	297,679,331,103.19	23.59%	242,897,110,250.52
营业利润	76,613,136,041.54	67,498,612,522.27	13.50%	50,812,916,408.40
利润总额	76,539,289,517.59	67,460,201,390.98	13.46%	51,141,952,665.41
归属于上市公司股东的净利润	38,372,086,881.32	33,772,651,678.61	15.10%	28,051,814,882.36
归属于上市公司股东的扣除非经常性损益的净利润	38,314,387,512.31	33,490,078,355.00	14.41%	27,279,538,697.37
经营活动产生的现金流量净额	45,686,809,515.08	33,618,183,388.52	35.90%	82,322,834,216.50
基本每股收益	3.47	3.06	13.30%	2.54
稀释每股收益	3.47	3.06	13.30%	2.54
全面摊薄净资产收益率	20.67%	21.68%	减少 1.01 个百分点	21.14%
加权平均净资产收益率	22.47%	23.24%	减少 0.77 个百分点	22.80%
	2019 年末	2018 年末	本年末比上年末增减	2017 年末
资产总额	1,729,929,450,401.23	1,528,579,356,474.81	13.17%	1,165,346,917,804.55
负债总额	1,459,350,334,988.27	1,292,958,626,477.23	12.87%	978,672,978,646.26
归属于上市公司股东的净资产	183,058,491,912.82	155,764,131,544.43	20.73%	132,675,315,293.33
股本	11,302,143,001.00	11,039,152,001.00	增加 262,991,000 股	11,039,152,001.00
归属于上市公司股东的每股净资产	16.64	14.11	17.92%	12.02
资产负债率	84.36%	84.59%	下降 0.23 个百分点	83.98%
净负债率	33.87%	30.89%	增加 2.98 个百分点	8.84%

注：净负债率 =（有息负债 - 货币资金）÷ 净资产

截至披露前一交易日的公司总股本：

截至披露前一交易日的公司总股本（股）	11,302,143,001.00
用最新股本计算的全面摊薄每股收益（元 / 股）	3.44

稳定盈利——构建有效的股票投资体系

续上表

编制单位：万科企业股份有限公司　2019 年 12 月 31 日　　　单位：元　　　币种：人民币

负债及股东权益	附注五	2019 年 12 月 31 日	2018 年 12 月 31 日
流动负债：			
短期借款	23	15,365,231,785.08	10,111,677,982.38
衍生金融负债		/	631,226,970.86
应付票据	24	941,279,690.68	1,651,453,937.28
应付账款	25	267,280,865,500.05	227,945,928,165.35
预收款项		770,781,495.16	253,965,141.13
合同负债	26	577,047,227,178.73	504,711,414,422.66
应付职工薪酬	27	6,896,261,420.24	5,770,851,836.95
应交税费	28	25,109,731,106.59	18,730,860,802.20
其他应付款	29	250,698,460,720.96	226,075,622,240.18
一年内到期的非流动负债	30	80,646,217,975.53	70,438,245,498.20
其他流动负债	31	47,854,227,137.67	55,592,689,788.42
流动负债合计		1,272,610,284,010.69	1,121,913,936,785.61
非流动负债：			
长期借款	32	114,319,778,454.74	120,929,055,439.40
应付债券	33	49,645,512,945.07	47,095,145,785.83
租赁负债	17	21,277,365,792.32	/
预计负债	34	149,629,291.04	143,527,842.81
其他非流动负债	35	1,065,436,144.05	2,338,048,204.19
递延所得税负债	21	282,328,350.36	538,912,419.39
非流动负债合计		186,740,050,977.58	171,044,689,691.62
负债合计		1,459,350,334,988.27	1,292,958,626,477.23
股东权益：			
股本	36	11,302,143,001.00	11,039,152,001.00
资本公积	37	12,384,484,513.99	8,005,627,653.57
其他综合收益	38	(1,806,426,631.62)	(2,398,744,899.34)
盈余公积	39	70,826,254,100.68	47,393,246,041.44
未分配利润	40	95,352,036,928.77	91,724,850,747.76
归属于母公司股东权益合计		188,058,491,912.82	155,764,131,544.43
少数股东权益		82,520,623,500.14	79,856,598,453.15
股东权益合计		270,579,115,412.96	235,620,729,997.58
负债和股东权益总计		1,729,929,450,401.23	1,528,579,356,474.81

万科 2019 年 12 月 31 日的主要财务数据汇总如下：

- 资产负债率是 84.35%。
- 总资产是 17 299.29 亿元。
- 股东权益（净资产）是 2 705.79 亿元。
- 总负债是 14 593.5 亿元。
- 非流动负债是 1 867.4 亿元。
- 流动负债是 12 726.1 亿元。
- 流动负债中应付票据和应付账款合计是 2 682.2 亿元。
- 预收款项是 7.7 亿元，合同负债是 5 770.47 亿元。
- 万科 2019 年底营收是 3 678.9 亿元。

应付账款包括应付地价、应付及预提工程款、质量保证金、应付及预期销售佣金和其他应付款，应付账款主要是万科需要延期支付给建筑施工商的建筑施工安装费用及待支付的购置土地款。合同负债是预售商品房获得的购房者首付款，而商品房待交付客户的合同责任负债，也是一种预收款。

万科 2019 年应付款项 2 682.2 亿元，应付职工薪酬 68.96 亿元，总应付款额＝应付款项＋应付职工薪酬＝2 682.2+68.96=2 751.16 亿元，而万科 2019 年的营收是 3 678.9 亿元，营收足以支付总应付款额，而且万科是滚动投资和预售房屋，经营稳定的情况下，这些应付款项不算是流动负债。对于万科来说，应付款项、应付职工薪酬、预收款项、合同负债这些都是不需要支付利息的，且对万科而言几乎没有偿付风险，我把它们称为无息流动负债。

万科 2019 年无息流动负债＝应付款项＋应付职工薪酬＋预收款＋合同负债 =2 682.2+68.96+7.7+5 770.47=8 529.33 亿元

万科 2019 年实际有息负债＝流动负债－无息流动负债=12 726.1-8 529.33= 4 196.77 亿元。

万科 2019 年的实际有息负债率＝实际有息负债÷总资产=4 196.77÷ 17 299.29=24.3%。

即使把应付职工薪酬算作流动负债，万科 2019 年的实际有息负债率＝ （4 196.77+68.96）÷17 299.29=24.7%。

如果把应付款项和应付职工薪酬都算作流动负债，万科 2019 年的实际资产负债率＝（实际有息负债＋应付款项＋应付职工薪酬）÷总资产＝（4 196.77+2 682.2+68.96）÷17 299.29=40.2%。

账面净杠杆率＝负债合计÷净资产=14 593.5÷2 705.79=539.3%。

真实净杠杆率＝（实际有息负债＋应付款项＋应付职工薪酬）÷净资产＝（4 196.77+2 682.2+68.96）÷2 705.79=256.8%。

净有息负债杠杆率＝实际有息负债÷净资产=4 196.77÷2 705.79=155.1%。

通过以上计算的财务指标可以发现万科的经营杠杆对比房地产业其他公司来说不算太高。

查阅万科的财务报表，可以发现万科连续多年的资产负债率都超过80%，每年的营收远小于流动负债，但公司却依然运营良好，难道这正常吗？一个高负债的公司能够持续多年经营稳定且分红大方怎么就没倒闭呢？不是说资产负债率超过70%就很危险吗？

这样计算万科有息负债率的方法也许不准确，而且完全违背了会计准则，但是这样的计算方法可以反映万科的真实负债情况，投资者不会被财务报表上超出警戒线的资产负债率吓坏。并不是所有的公司都可以把应付款项从流动负债中扣掉，必须是前景广阔、经营稳定且滚动营收足以覆盖应付款项的优秀公司，而且公司应付款项不能是恶意拖欠供应商货款和员工工资行为导致的。所以，在分析财务报表前，必须先对公司的总体经营情况进行初步了解，确认公司经营稳定的情况下再拆解公司的资产和流动负债，最后计算出相对真实的有息负债率或资产负债率。

（3）营收增长率和净利润增长率（历史的增长性）

营业收入＝销售收入＝产品单价×销售数量。

毛利润＝营业收入－营业成本。

营业利润＝毛利润－经营成本－经营税及附加＝毛利润－（销售成本＋管理成本＋财务成本）－经营税及附加。

利润总额＝营业利润＋营业外收益。

净利润＝利润总额－折旧、摊销－税金－资产减值计提＋非经常性损益。

净利润能够持续保持10%以上的增速是比较优秀的公司，持续超过20%的公司是高增长公司，但是必须时刻注意它维持高增长的基础是否牢固。公司历史表现出的成长性可以在一定程度上从侧面反映公司的竞争力和管理能力，因为商业运营的终极目的是获得营收或利润的持续增长。

偶然出现净利润增速超过 40% 的公司要小心，股价炒高之后不要轻易在回调时抄底，因为季度报表公布后公司的市盈率会降低，是否值得买入需要看公司未来是否依然能保持超过 15% 的增长，如果不能维持高速增长或下一年将会出现负增长，那么，股价就会持续下跌直到估值与公司基本面适度匹配。有些时候优秀公司因为偶然原因导致利润大幅下降并引发股价大幅下跌，如果公司未来成长逻辑没有发生改变，那么，这样的大跌就是极好的机会，这需要投资者理智地分析公司的基本面。

这里的营业收入是指公司各项主营业务的销售收入，那些经营业务比较简单的制造业公司可以轻易统计其营业收入，而那些金融业和股权投资类型的公司比较复杂，复杂的股权投资通常都是计算权益净值和投资收益，普通投资者难以评估企业投资的股权价值含金量。那些经营业务比较杂乱而且频繁更换主业的公司通常是管理层缺乏商业眼光和定力，看什么行业热门就跟风，随意进入一些不熟悉的商业领域容易踩雷。

营业收入、营业利润和净利润同步增长是比较健康的财务增长方式，三者增长幅度不一定相同，但是不能相差太大。如果营收增速与利润增速出现异常偏离情况，要仔细分析造成差异的原因和对未来影响的大小。增收不增利的情况出现则表示公司经营成本上升，要分析营业成本、销售成本、管理成本、财务成本这四项经营成本中哪一项出现了较大增长从而拖累了公司业绩，并分析其影响大小。经营成本、产品售价和销售数量是对公司的盈利影响最大的三个直观因素，公司的运行效率、管理质量等是隐性的影响因素。

至于营业成本、销售成本、管理成本、财务成本是由哪些构成的，不同的公司有不同的风格，可以查看财务报表里的细项得知。需要指出的是，研发费用通常放在管理费用里，财务成本主要是指公司财务运作和融资相关的财务收支，比如闲置资金理财收入、偿还贷款和债务及支付利息、分红派息支出等。

净利润的增减要分析其具体构成，因为商誉减值或存货减值计提损失要有区别地分析利弊，有些减值计提完全是非必要甚至会造成下一年的利润明显增长，这是一个数字游戏，利润增长率＝（今年利润－去年同期利润）÷去年同期利润，今年减值计提导致今年利润减少，明年利润正常增长会以今年较低的基数计算得出一个较大的利润增长率。非经常性损益也是影响净利润的重要一项，要明白非经常性损益的来源，在分析公司 ROE 和未来收益时，最好把非经常性损益的影响消除掉。

公司净利润的用途首先是弥补上一年度的亏损，其次是提取法定资本公积金、盈余公积金，接着是留存部分收益用于未来投资，接着是派发优先股股息，最后是普通股派发股息。利润的分配由股东大会投票表决，持有公司股票的股东都有投票权。可见，上市公司派发普通股红利是由很多因素影响的，普通投资者很难有足够话语权。

当然，是否派发红利或派发多少红利取决于公司的发展状况，如果公司管理层能够找到可以获得可观盈利的项目，那么把资金留存在公司用来再投资对于投资者是好事，因为红利派发到投资者手中只是现金，这些现金如果投资者使用不当会导致贬值或亏损，而优秀公司如果能稳稳地帮投资者赚更多的钱，那么公司不分红或少分红对投资者是有利的。巴菲特的公司多年不分红，因为他认为投资者理财的收益没有把钱放在公司进行再投资获得的收益更好、更稳定，伯克希尔 - 哈撒韦公司的股票价格从 1990 年的 6 000 美元 / 股涨到 2020 年的 34.6 万美元 / 股，30 年涨幅超过 56 倍，试问普通投资者有几人能有这样的投资能力？但是法律明确规定上市公司需要把利润的一部分拿出来分红，因为到手的现金才是真实的红利，考虑到未来充满不确定性，公司可能面临使投资者的资金受损而无法补偿的风险。如果公司没法找到比较好的投资项目为股东的资金增值，那么公司把红利派发给股东，让股东自己选择更好的理财项目则是合理的选择。

（4）营业毛利率、营业利润率、营业净利率

营业毛利率＝毛利润÷营业收入

营业利润率＝营业利润÷营业收入

营业净利率＝净利润÷营业收入

毛利率超过 40% 的公司是竞争力较强的公司，超过 70% 就是暴利行业，普通制造业由于经营成本较高，普通制造业毛利率超过 25% 就算优秀了。

营业利润率超过 30% 是比较好的公司，普通制造业营业利润率超过 20% 就比较优秀。营业利润率最直观地反映公司经营能力的强弱，不过这个数据要与公司的发展阶段相匹配，初创期、高速成长期、稳定发展期、衰退期的营业利润率差异较大，受到市场环境扰动也会导致营业利润率波动较大。

净利率超过 15% 是比较好的公司，那些净利润持续超过 30% 的公司是值得长期投资的优秀公司，复利增长的威力是很恐怖的，看看贵州茅台、华熙生物、康泰生物的股权价值增长就明白了。8% 的净利润率是公司的及格线，低于及格线的公司盈利能力较差，要回避这样的弱势公司。

毛利率也具备评估公司商业模式是否优秀和行业是否景气的能力，竞争激烈的行业往往毛利率偏低。毛利率超过 70% 的行业和公司通常具备某种垄断特性，是价值投资者梦寐以求的投资目标。奢侈品、高端白酒、高端医美产品和美妆产品、疫苗、生物制药、稀缺药品、软件服务、高科技产品、高端机电装备都是高毛利率的行业，只不过它们实现高毛利的方式各不相同。

当然，不能武断地认为不能盈利的公司就是弱势公司，比如亚马逊多年不盈利，但是亚马逊的营收规模却是不断快速增长的，这涉及公司经营模式的问题，亚马逊目的是做大市场份额，对于利润不太在意，当市场都被亚马逊占领时，收获利润只是时间的问题，亚马逊 CEO 贝索斯深谙商业之道和时间的力量。其实，公司只要有充足的滚动现金流，公司的经营就没有问题，利润只是与股东的分红有关，而与企业的价值和竞争力没有绝对的关联。还有一些科技研发型公司，需要投入大量资金进行技术创新，盈利会被投入到研发项目中，公司净利润经常亏损，但是公司只要有核心技术竞争优势，那么，只要经营现金流可以基本维持公司正常运转就没什么问题，公司还会经常用股权融资进行技术研发，投资者购买的是公司未来的核心竞争力，而不是过去的盈利能力。

（5）净利润现金含量

净利润现金含量＝经营活动现金流量净额 ÷ 净利润

经营活动现金流量净额可以在财务报表的现金流量表中找到，通常情况下，净利润现金含量大于 100，则说明公司现金回流能力较好，不会被客户拖欠货款，低于 100 则说明公司有些货款没有及时收回。

当然，这样简单地用净利润现金含量是否大于 100 来评判公司的优劣是不合适的，应该根据公司的实际发展状况结合其他财务指标综合分析。同行业竞争对手之间进行对比净利润现金含量可以明显看出谁强谁弱。贵州茅台的经销商想要从茅台公司拿货就必须全额支付货款后排队拿货，优秀的公司就是这样强势。而弱势的公司为了抢占市场经常会先把产品交给经销商或客户使用，约定延期几个月支付货款，这就是赊销。赊销会大量占用公司的流动资金，对公司而言十分被动，而且会拉低公司的利润率，甚至会出现坏账无法收回。而茅台拿着客户支付的预付款就可用以经营开支和进行各种财务运作，从而获得一些额外的财务性收入，茅台的毛利率极高，所以，茅台就是用别人的钱赚钱。

（6）资产周转率、应收账款周转率、存货周转率

总资产周转率（次）＝营业收入 ÷ 平均资产总额

平均资产总额 ＝（年初总资产 ＋ 年末总资产）÷2

总资产周转天数 =360÷ 总资产周转率

应收账款周转率＝赊销收入净额 ÷ 应收账款平均余额≈销售收入净额 ÷ 应收账款平均余额

销售收入净额 ＝ 销售收入 － 销售退回

应收账款平均余额 ＝（期初应收账款余额 ＋ 期末应收账款余额）÷2

应收账款周转天数 =360÷ 应收账款周转率

存货周转率（即存货周转率次数）有两种不同计价基础的计算方式：

一是以成本为基础的存货周转率，即一定时期内企业销货成本与存货平均余额间的比率，它反映企业流动资产的流动性，主要用于流动性分析。

成本基础的存货周转次数 ＝ 营业成本 ÷ 存货平均余额 ＝ 销货成本

二是以收入为基础的存货周转率，即一定时期内企业营业收入与存货平均余额间的比率，主要用于获利能力分析。

收入基础的存货周转次数 ＝ 营业成本 ÷ 存货平均余额

其中：存货平均余额 ＝（期初存货 ＋ 期末存货）÷2。

期末存货 ＝ 流动资产 － 速动资产 ＝ 流动负债 ×（流动比率 － 速动比率）

存货周转天数 =360÷ 存货周转率

资产周转率、应收款周转率、存货周转率越高，表示公司运转效率越高，盈利能力越强，出现财务危机的可能越小。

虽然不同公司经营模式和周期不同，但其资产周转率都是根据会计准则计算季度和一年的资金周转状况，然而工程建设类项目通常周期都大于一年，所以，需要根据公司的经营周期区别看待。资产周转率越高，表示公司利用资产创造收入的能力越强，体现行业景气度和公司管理层的经营能力。

应收账款主要是因为赊销或分批付款的商业模式产生的，应收账款周转率理论上应该用赊销收入净额计算，实际中却没法获取这个数据，所以，通常用销售收入净额计算。不同经营模式的公司应收账款特征不同，有些公司在一年中不同时间销售特征不同，不能一刀切地用一个数据评判好坏，只要是在满足公司正常经营情况下，应收账款周转率稳定就是好的。

存货分为原材料存货和成品存货，存货的增减需要仔细分析其原因。原材料存货增加通常表示公司正在扩张生产，将来的营收通常会增长，反之则是公司缩减生产规模，将来营收会下降。成品存货增加表示公司产品可能销售不畅，有积压和减值的风险，因为供大于求通常会进行降价促销或无法卖出成为报废品。当然，公司在原材料价格较低时适当增加库存以防范远期价格上涨也是一种降低成本的方式，通常出现在大宗商品原材料采购上，比如锂电池生产企业会提前签订一年甚至几年的订货协议以采购那些重要或稀缺的锂、钴、镍等金属。

（7）流动比率、速动比率

流动比率 = 流动资产 ÷ 流动负债

流动资产 = 货币资金及其等价物 + 应收类资产 + 存货 + 预付款 + 其他流动资产

流动负债 = 短期借款 + 应付类负债 + 预收款项 + 预提费用 + 其他流动负债

速动比率 = 速动资产 ÷ 流动负债

速动资产 = 流动资产 − 存货 − 预付账款

一些财务分析人员会说流动比率和速动比率应该介于 [1，2] 区间比较合适，太小则预示公司有流动财务危机，太大则表示公司资产利用效率低下。这样分析其实过于简单粗暴，因为不同公司的经营模式不同，资产轮动周期不同，而且流动资产和流动负债的构成里，有些所谓的流动资产和流动负债其实并非真实的资产和负债。流动资产、流动负债都可以从公司财务报表中查到。事实是，有些流动资产的价值可能会减值，比如应收款项可能收不回来，成品存货可能无法全部售出等情况，都会改变这些流动资产的价值；流动负债里的预收款项其实不算真实财务负债，只是合同责任负债，只有在公司无法及时向客户交付产品时才成为真实的负债。一些投资性金融资产的转化能力很强，在公司需要时可以快速转化弥补公司现金流，而会计准则把投资性金融资产列为非流动资产。

分析公司的流动比率和速动比率要根据公司本身的情况具体对待，只要公司能够稳定经营，流动比率和速动比率维持在一个稳定的状态，那么，我们就不必纠结它是太大还是太小。当然，对那些流动比率和速动比率小于1和相比往年出现明显下降的公司要格外谨慎。

通过分析公司历史七项财务指标可以窥探公司商业模式的优劣、盈利能力的强弱、管理水平的高低。简单归纳如下：

- ROE 持续大于 15% 的公司比较优秀，ROE 经常小于 8% 的公司不值得投资。
- 真实资产负债率小于 50% 是合理的，超过 70% 要警惕，小于 35% 或没有负债最佳。
- 营收增长率和净利润增长率能够持续保持 10% 以上是比较优秀的公司，它侧面反映公司的商业模式优劣、行业景气度、公司管理层的经营能力等。
- 营业毛利率大于 40% 和营业净利率大于 15% 是比较优秀的公司，8% 的净利率是及格线。
- 净利润现金含量大于 100% 是资金回流优秀的表现，但也不是低于 100% 就不好，能够稳定保持且不影响公司运营也算正常情况。
- 资产周转率、应收账款周转率、存货周转率保持稳定且不影响公司运营就算正常，不同公司要根据它最大的风险点进行专门研究。
- 流动比率、速动比率不一定要求大于 1，只要公司经营稳定就算正常，但是这两个比率若太小和波动太大是应该引起警觉的。

3.5　阅读财务报表

从七项常见的财务指标分析一家公司的财务表现，其实是比较直观简单的方式，这些财务指标的数据可以在交易软件的简易财务分析中轻易查到。只不过，在你分析这些指标变化时需要弄明白它发生变化的原因是什么，以及与竞争对手之间产生差异的原因是什么。想要弄清楚这些问题的根源，只能从公司定期公布的财务报表去探查，上海证券交易所和深圳证券交易所官方网站都可以下载自己所需要的上市公司财务报表，其中，股票代码 600×××、601×××、603××× 是上证主板上市公司，股票代码 688××× 是上证科创板上市公司，股票代码 000×××、002×××、300××× 开头的分别是深圳证券交易所的主板、中小板和创业板上市公司（深证主板和中小板已经在 2020 年底合并）。

阅读财务报表可能会让很多普通投资者头大，因为一份财务报表通常有几十上百页，读完一份年报往往要两个多小时，而且里面遍布大量的数字和看起来让人眼花缭乱的各种条目，充斥着一些看不太懂的专业名词术语，特别是一些理科知识欠缺的人更是难以看懂。但是阅读财务报表是价值投资的一项基本功，同时，它也并非一项无法做到的艰巨任务，很多人只是因为急于求成或惯性思维给自己的大脑传递了一个奇怪的暗示：我没学过财务会计知识，也不懂商业经营，财务报表不读也罢，或是看那几个常见的财务数据就够了。

其实我们每个人都具备基本的财务知识，家庭中每个月的工资、投资理财、奖金等现金收入和生活中各种现金开支就是家庭的现金流量表，家庭的房子、汽车、家居用品等各种资产和房贷、车贷等负债就是家庭的资产负债表，家庭一年的总收入减去总支出剩余的结余现金，以及房价上涨带来的固定资产增值就是家庭一年的利润表。家庭就是最简单、最基本的一种社会组织架构，只不过公司的收入支出比较复杂，资产和负债的结构也比较复杂。这样，把家庭和公司的财务报表对比，不需要学习专业的财务会计知识和复杂的商业经营就能读懂财务报表表达的总体意思，可以用简单的底层思维去判断公司现金流、利润、资产及负债等核心财务表现就可以区分出优秀股票和劣质股票。只不过想要透彻理解财务报表里的细项并得出准确的判断则需要扎实的财务会计和商业管理基础知识，下面讲解一些普通投资者如何解读公司财务报表的方法。

上市公司每年发布四份财务报表，分别是一季报、半年报、三季报和年报，一季报通常是每年的 4 月发布，半年报通常是 8 月发布，三季报通常是 10 月发布，年报通常是次年的 3 月到 4 月发布，在正式财务报告发布前通常会发布预告。一季报和三季报都是简报，简单介绍公司的经营情况，可获得的信息较少。半年报和年报内容非常丰富，年报很多内容是介绍公司的发展和运营情况，读起来会很费时间，半年报则简明扼要一些。年报里可以了解公司的商业模式、经营状况、产业发展路径与前景、经营战略布局、公司上下游客户、竞争情况、营收和利润、现金流情况等，是全面了解一家公司的窗口。

财务报表包含三大模块：资产负债表、利润表、现金流量表。这三张报表是相互关联的，不要只读利润表而忽略资产负债表和现金流量表。其实，现金流量表和资产负债表才能更加清楚地反映企业运营的状况，投资高手非常重视现金流量表的内容，因为利润只是企业经营的最终结果，而企业现金流的使用和资产负债表的变化才是企业经营过程的直接体现，企业进行积极的商业经营才能产生利润，通过观察企业现金流和资产负债变化结合产业发展环境及趋势，聪明的投资者往往能够提前预判企业未来业绩的变化，先知先觉者总是能够在股市里占得先机，无论是获取廉价的优质股票还是逃离即将爆雷的股票都能够先人一步。

股价反映股票未来的价值，那么，聪明的投资者必然会在未来价值能够明显增长且当前估值合理或偏低时买入股票，当上市公司预告或发布业绩报告时，市场其他投资者了解到公司业绩大增时，股价往往已经提前上涨并走出了漂亮的上涨趋势，后知后觉者此时冲进股市无疑是当了"抬轿人"，在市场因为公司利好消息发布而狂躁不已时，先知先觉的投资者就可以在股价疯涨的阶段从容地卖出股票了。

根据会计准则，资产负债表和利润表是根据权责发生制编制的，现金流量表是根据收付实现制编制的，资产及负债、现金流、营收及利润，这三者之间是有联系的，下面分别简单介绍。

权责发生制是指根据《中华人民共和国公司法》《中华人民共和国民法典》等法律规定，企业之间签订并履行了购销合同发生了资产互换，构成了权利和责任关系。若甲公司跟乙公司签订了贷款协议并履行生效后则意味着甲方与乙方之间就具备了债权与债务关系。销售及购买产品或服务也是一样，若 10 月甲方向乙方购买 1 000 万元的产品，甲方按照合同约定向乙方支付400 万元预付款，剩余 600 万元货款在 3 个月后和 5 个月后分两次付清，乙方12 月底前向甲方交付所有的合同约定产品。这剩余待支付的 600 万元货款就是甲方对乙方的债务，也是乙方的一笔应收货款，乙方享有相应的索债权利。乙方虽然没有收到全部的销售款，但是根据权责发生制，乙方的利润表里已经确认获得了这笔交易的 1 000 万元销售收入，只不过现金流量表里只记录年报更新时实际流入公司账户的 400 万元销售款。

收付实现制是指记录公司经营活动中收入和支出现金而实际流经公司银行账户的真实现金额形成现金流量表，除了公司故意进行现金流造假，通常情况下公司的现金流量表可以真实反映公司经营活动现金收支情况。前面甲方与乙方的购销案例中，虽然乙方利润表记录了 1 000 万元的销售收入，但是现金流量表里只记录公司实际收到的 400 万元现金收入。

资产负债表记录公司的资产及负债的具体构成项目，利润表记录公司营收和利润的详细来源，现金流量表记录公司经营活动、投资活动和筹资活动这三大板块的现金收支情况。

前文已经介绍过商业经营的流程，资产负债表、利润表和现金流量表是用来记录公司在融资、购建资产、制造产品、销售产品获得现金、利润分配这些经营活动过程的，资产负债表、利润表和现金流量表之间不是独立的，而是有一定钩稽关系。公司的资产和负债是如何形成及由哪些项目构成，都可以在现金流量表的筹资活动现金流量和投资活动现金流量中体现，公司实际收回的利润也可以在现金流量表的经营活动现金流量中获知。

表 3-2 为先导智能（300290）2019 年的现金流量表，可以仔细观察一下它的现金流量情况，并与它的资产负债表和利润表进行对照查看。

表 3-2 先导智能 2019 年现金流量表

单位：元

项　　目	2019 年度	2018 年度	同比变动
一、经营活动产生的现金流量：			
销售商品、提供劳务收到的现金	3,427,392,803.52	2,751,210,187.17	24.57%
收到的税费返还	143,756,977.93	121,158,016.75	18.65%
收到其他与经营活动有关的现金	829,867,579.24	623,273,483.33	33.14%
经营活动现金流入小计	4,401,017,360.69	3,495,641,687.25	25.90%
购买商品、接受劳务支付的现金	1,520,132,664.28	1,957,869,335.54	−22.35%
支付给职工以及为职工支付的现金	819,844,617.75	469,367,384.38	74.67%
支付的各项税费	441,633,623.11	379,269,213.96	16.44%
支付其他与经营活动有关的现金	1,078,029,713.90	737,105,715.32	46.25%
经营活动现金流出小计	3,859,640,619.04	3,543,611,649.20	8.91%
经营活动产生的现金流量净额	541,376,741.65	−47,969,961.95	1228.57%
二、投资活动产生的现金流量：			
收回投资收到的现金	1,079,700,000.00	/	
取得投资收益收到的现金	21,939,975.03	6,329,083.29	246.65%
处置固定资产、无形资产和其他长期资产收回的现金净额	263,642.16	76,514.07	244.56%
收到其他与投资活动有关的现金	2,187,870,000.00	2,891,770,000.00	−24.34%
投资活动现金流入小计	3,289,773,617.19	2,898,175,597.36	13.51%
购建固定资产、无形资产和其他长期资产支付的现金	213,600,765.99	76,345,895.74	179.78%
投资支付的现金	1,094,750,000.00	/	
支付其他与投资活动有关的现金	2,447,870,000.00	2,811,920,000.00	−12.94%
投资活动现金流出小计	3,756,220,765.99	2,888,265,895.74	30.05%
投资活动产生的现金流量净额	−466,447,148.80	9,909,701.62	−48.06%
三、筹资活动产生的现金流量：			
吸收投资收到的现金	/	37,519,650.00	
取得借款收到的现金	1,635,000,000.00	881,066,600.00	86.02%
收到其他与筹资活动有关的现金	1,000,000,000.00	231,802,069.66	331.40%
筹资活动现金流入小计	2,635,000,000.00	1,150,388,319.66	129.40%
偿还债务支付的现金	831,460,000.00	257,200,000.00	223.27%
分配股利、利润或偿付利息支付的现金	282,347,360.75	128,355,065.12	119.97%
支付其他与筹资活动有关的现金	1,004,196,832.84	17,101,188.52	5772.08%
筹资活动现金流出小计	2,118,004,193.59	402,656,253.64	426.00%
筹资活动产生的现金流量净额	520,995,806.41	747,732,066.02	−30.32%
四、汇率变动对现金及现金等价物的影响	−152,632.06	645,473.80	−123.64%
五、现金及现金等价物净增加额	595,772,767.20	710,317,279.49	−16.12%
加：期初现金及现金等价物余额	1,145,680,014.74	435,362,735.25	163.15%
六、期末现金及现金等价物余额	1,741,452,781.94	1,145,680,014.74	52.00%

其中，经营活动产生的现金流量净额＝经营活动现金流入小计－经营活动现金流出小计；投资活动产生的现金流量净额＝投资活动现金流入小计－投资活动现金流出小计；筹资活动产生的现金流量净额＝筹资活动现金流入小计－筹资活动现金流出小计。

公司只有通过经营销售产品才能获得现金流，而经营需要购建各种资产用于制造产品，购建资产需要足够的资本，公司的经营是实现现金的循环：现金（可用资本）→资产→产品或服务→现金（销售收入）。货币在这个过程中只是个中介角色，公司用筹集的现金流或商票购建用于经营所需的办公场地、设备、物资、技术等各种资产，用资产创造产品并销售给客户从而获得销售收入，通常销售收入比经营成本要多。公司经营的目的是投入现金驱动公司运营并获得比投入成本更多的现金，这就是公司经营获得收入并发展壮大的底层逻辑。

3.6　股票的未来成长性

股票的未来成长性主要包含未来成长空间和未来业绩复合增速两个维度。未来成长空间是股票营收增长的价值增量，常用的衡量未来价值增量的方法是自由现金流折现法。未来业绩复合增速是在预估的未来时间周期内，公司可能实现的年化复合增长速度，不过，这个数据只能是预测值，想要得到接近于未来真实增长速度的预测值，需要对行业及公司未来发展有着清晰且准确的判断。

在阅读一些公开的行业和公司研究报告时，需要对报告中提及的行业和公司未来成长空间和增长速度的预测值作出理性的判断，甚至可以忽略那些新手分析师的预测。毕竟一家公司的董事长在很多时候都无法准确预测公司未来的具体营收规模和增长速度，一位只是对公司或行业一知半解的分析师，又怎么能得出准确的预测呢？

更重要的一点是那些优秀分析师的研究报告通常是提供给付费的优质大客户看的，当普通投资者看到这样的研究报告时，往往已经是股价大涨之后，不明真相的普通投资者此时进场基本就是抬轿子或高位接盘。当然，不是说那些公开的研究报告没有利用价值，报告中提及的行业及公司发展脉络、竞争格局、公司上下游客户结构、公司竞争优势、产业链分工、公司市场份额等与公司发展密切相关的信息可以为投资者指明一些大方向，还可以帮助投资者初步筛选出优秀的投资目标，特别是在一个行业刚刚兴起且还没有进入成熟期的时候，那些行业优质股票会被大幅炒作，各种研究报告会提前把行业各个分支里的优秀公司拆解一遍。

最重要的一点是那些优秀的公司在经过最初的概念炒作后，股价必然会再次回落到合理甚至低估的价位，当行业逐步进入快速发展的成熟期时，你会知道该提前布局哪些优质股票了，并且通过阅读大量研究报告建立自己的优秀股票池才是投资者关注研究报告的重点。

图 3-5 为锂电池产业的分析框架图（从一些研究报告中可以找到这些信息）。首先对一个有广阔前景的产业进行系统的产业链框架分析，弄清楚一个

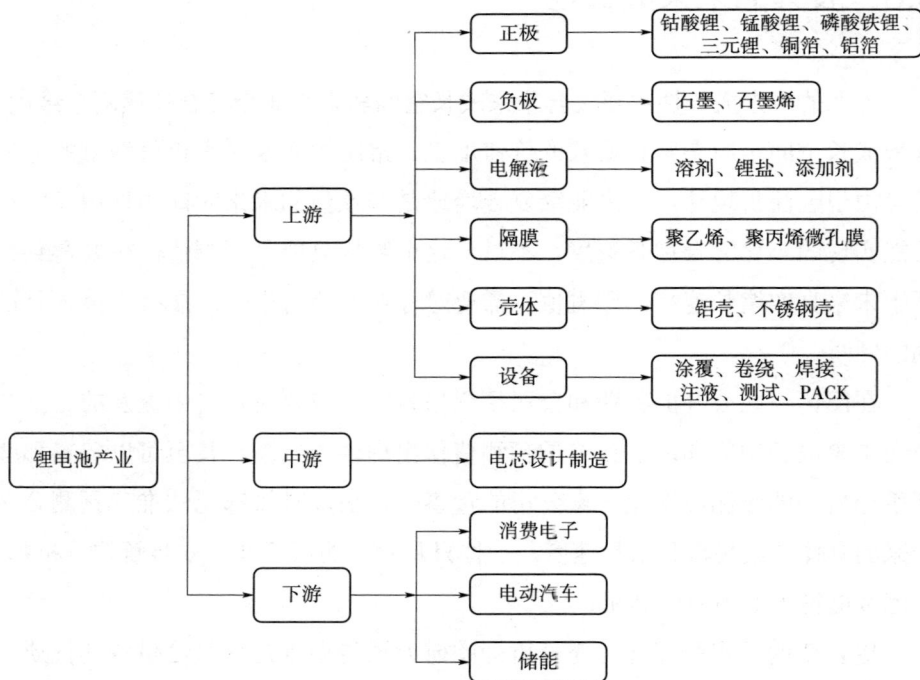

图 3-5　锂电池产业分析框架

产品由哪些重要的零部件构成，零部件的生产原材料是什么、生产工艺是什么、上下游供应商之间的关系，其次从市场信息中找到每个环节在产业链中的价值份额占比，弄清楚哪些材料、零部件和生产工艺的价值比较高。最终大致明白哪些产业环节中蕴藏着巨大的投资机会，从产业链中那些掌握核心技术、占有较高市场份额的公司中寻找高价值的投资目标。

有些政策明确支持的行业是可以大致估算出未来的价值空间和增长速度的，最经典的行业是新能源汽车产业，明确了未来五年和十年的新能源汽车替代计划，那么，可以根据现有的汽车保有量去计算新能源汽车产业未来的价值总量大概是多少，然后从各个细分领域去考察不同公司占有的市场份额、综合竞争力、发展潜力，从而判断一家公司能够从未来行业红利中获取多少利润。一个确定性的热门行业股票的未来价值增量就可以大致被计算出来。

至于未来的增长速度，这个问题其实很难有准确的答案，因为现实发展的节奏不一定按照政策去走，而且政策也有调整的可能性。清洁能源、半导体国产替代、特高压智能电网、物联网等行业也有着相似的估算未来价值方法，能够深入研究透彻一个行业的研究机构确实能够准确判断出一个行业和相关的龙头公司未来价值的大致区间和未来时间段的增长速度。有了这样的坚实价值判断基础，做长期价值投资就有了明确的参考方向，这就是为什么那些优秀的研究机构可以靠几份研究报告赚到大笔金钱的原因。而有充足资金购买这样高价值研究报告的机构投资者自然具备了信息优势，这也造就了投资领域里强者越强的局面。普通投资者在投资知识储备、信息获取渠道、资金体量、投资理念等方面与机构投资者天差地别，导致普通投资者大多数容易亏损。如何估算股票未来的内在价值，将在择时策略一章中进行详细阐述，这里不作具体展开。

3.7　量化选股

由于股票未来的成长性是难以精确量化的，只能依靠推测计算出一个大概的目标方向，而股票历史财务表现所代表的历史确定性是可以进行量化评估的，而且有大量数据可供调用，使投资者根据股票历史财务表现进行量化选股提供了绝佳的条件。不过，必须重申一个已特别强调的基本认知：过去优秀的股票未来不一定还能继续优秀，过去表现一般的股票未来不一定不会翻身。股价中长期的涨跌方向与股票未来的价值增长密切相关。

所以，根据股票历史财务表现进行量化选股可以帮助投资者节省大量的时间精力，但是也具有明显的缺陷。首先会漏掉一些可能的大好机会，比如一家优秀公司因为偶然的因素导致财务数据表现很差，而这家公司有很强竞争力，业绩糟糕会导致投资者抛售股票把股价砸向低估的价格。其次投资者会把一些因为特殊原因导致的短暂业绩大增股票选入股票池，如果你不仔细分析公司未来业绩增长而买入很可能会造成亏损，至于具体的原因，在下一章的估值分析中详细阐述。还有一种情况是一些新兴产业未来前景广阔，而发展初期的股票业绩表现平平甚至亏损严重，用量化选股也可能会错失牛股。

根据历史财务数据进行量化选股是把评判股票财务是否优秀的策略用程序代码编写，让电脑自动筛选那些财务表现优秀的股票。A股在不断地扩容，截至2024年10月，已经有5 000多只股票，随着2020年注册制的逐步全面推行，未来沪深股市上市公司的数量必然会爆发式增长，如果投资者逐一去翻看股票的财务数据并作出评判是很费时费力的。下面介绍如何在通达信或基于通达信架构的软件中创建量化选股的公式并且应用量化选股公式辅助筛选股票，主要有如下几个步骤。

第一步：打开通达信软件，按【Ctrl+F】组合键，或者在软件顶部单击"功能→公式系统→公式管理器"菜单，打开"公式管理器"界面窗口，在"公式组→条件选股公式"项目下新建一个自定义选股公式集并将其选择，再单击窗口右上角的"新建"按钮，如图3-6所示。

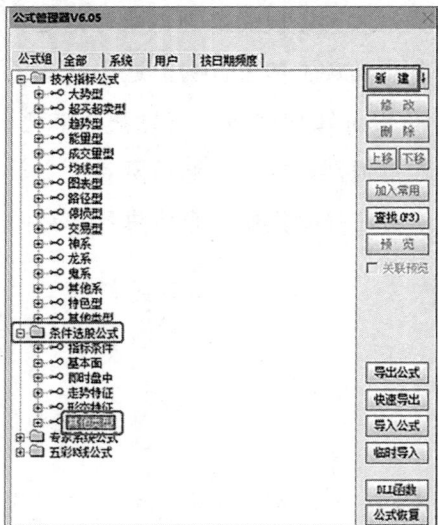

图3-6　公式管理器使用说明

第二步：在打开的"条件选股公式编辑器"操作界面中输入相应的内容，其中，公司的名称和公式描述可以自己定义，参数和计算项目的名称也可以根据自己的喜好更改，但是代码和公式的计算逻辑，在没有弄明白之前最好不要随意更改，在彻底弄明白项目的计算逻辑后，可以根据自己的理解进行优化或增减项目。然后，在最下方一栏中单击右下方的"动态翻译"按钮，可以清楚看到公式翻译的内容。这可帮助投资者理解这些程序语言需要具备基本的财务知识、数学运算知识和基本的计算机程序语言知识，如图 3-7（左）所示。当然，类似于 FINANCE（33）等这些财务函数都是调用系统提供的财务数据函数，可以在"插入函数→关联财务函数"选项里找到你需要的各种常用财务数据，如图 3-7（右）所示。

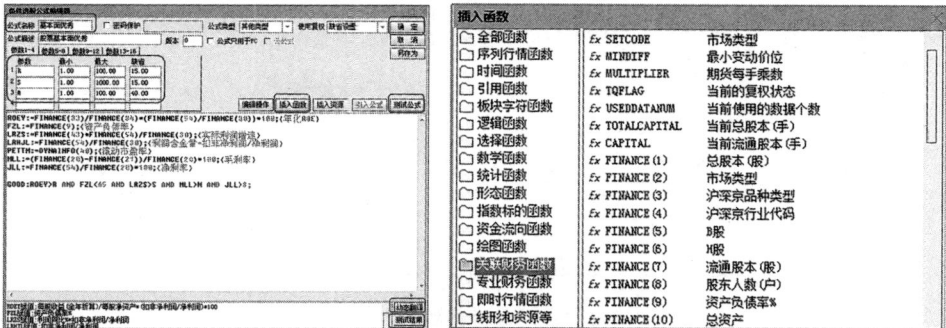

图 3-7　公式编辑器和插入函数说明

注意：在编辑公式内容时应该在英文状态下输入字符，包括各种英文字母和标点符号及数学运算符，中文状态下输入的字符无法通过系统测试，其中，{×××} 大括号里的中文注释是对程序语言的解释，不影响程序测试和运行。

第三步：程序编辑完成后单击"测试公式"按钮，在界面最下面一栏会弹出测试结果，如果程序有错误会在该栏显示错误的位置和类型。如果测试成功会在该栏弹出"测试通过！"的提示。测试通过后单击界面右上角的"确定"按钮，系统自动退出公式编辑界面，如图 3-8 所示。当然，也可以在

"用法注释"栏中写入一些关于这个公式用法的关键表述，方便在后续遗忘时快速查看使用的方法和注意事项。

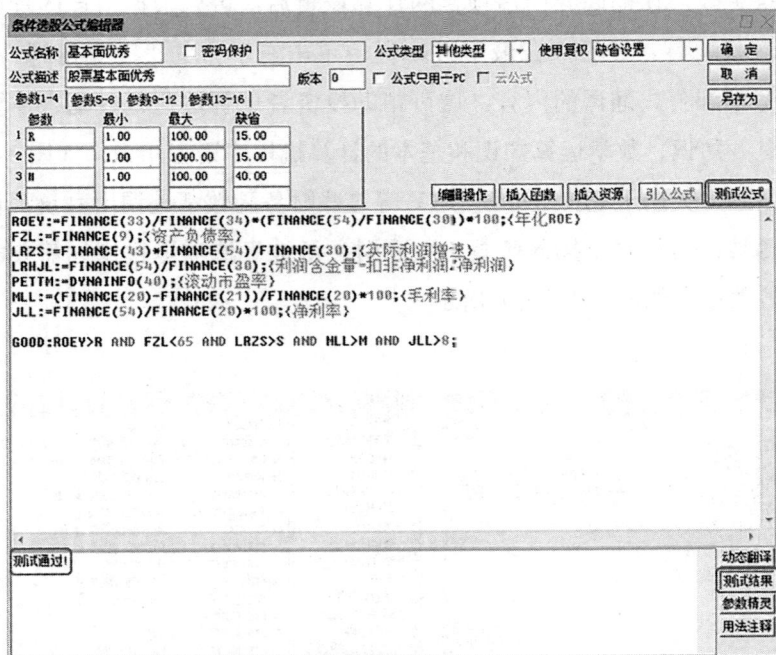

图 3-8   公式编辑器测试效果说明

第四步：按【Ctrl+T】组合键或是单击"功能→选股器→条件选股"菜单，打开条件选股界面，选择前面创建的选股公式，单击"加入条件"按钮，参数根据需要更改，选股周期为日线，选股范围自己更改，选中"剔除 ST 品种"复选框，如图 3-9 所示。

第五步：各项目确定完成后单击"执行选股"按钮，如图 3-10 所示，系统自动根据条件筛选股票。

也可以在执行选股之前单击"选股入板块"按钮，创建一个板块集或选择一个已经创建好的板块集，在单击"执行选股"后，软件会自动把筛选出的股票放入你指定的板块集中。

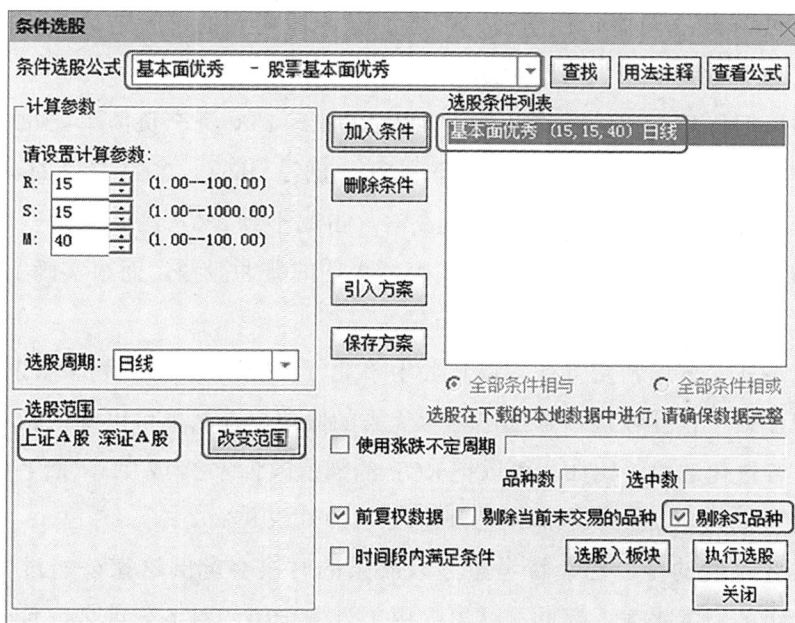

图 3-9　使用条件选股公式的操作方法

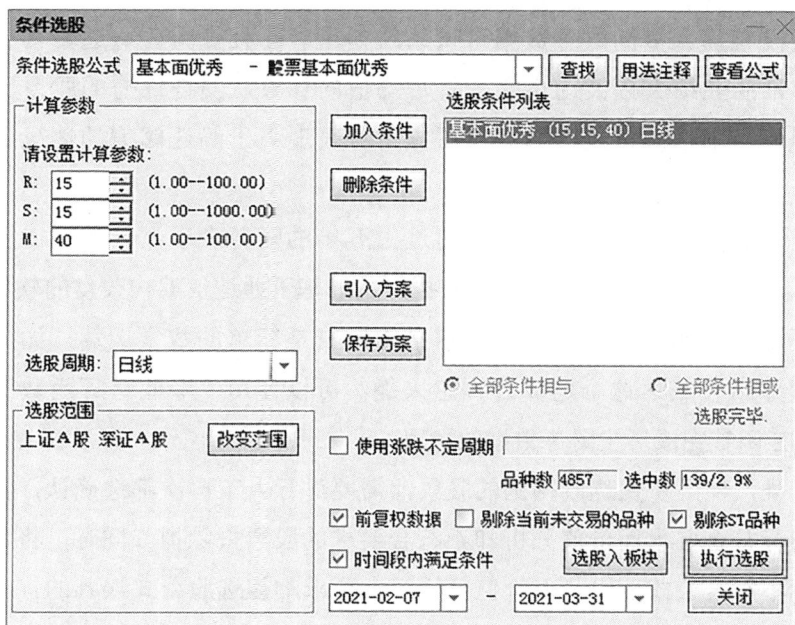

图 3-10　使用条件选股筛选的结果示意

在 2021 年 3 月中旬使用公式筛选沪深 A 股得到的选股结果：品种数为 4 039，选中数为 118，占比为 2.9%。

如果把优秀股票的筛选条件确定为 ROE > 15&资产负债率 < 65%&利润增速 > 15%&毛利率 > 40%&净利率 > 8%，那么，2021 年 3 月同时满足这些条件的沪深 A 股只有 130 只左右，占比不到 3%，这些股票里包含那些因为 2020 年因特殊原因导致业绩突然大增的普通股票。而事实确实如此，A 股中称得上特别优秀的股票十分稀缺。

制造业、普通消费行业，以及公用事业行业的 ROE 和毛利率普遍不高，如果想在某个行业板块中筛选出相对优秀的股票，那么，可以降低相应的阈值去进行量化选股。比如，可以把 ROE 的阈值改为 12% 或 9%，把毛利率的阈值改为 25% 或 20%，利润增速阈值改为 10% 或 8%。

需要说明的是，巴菲特考察一只股票的时候会翻阅这家公司过去五年甚至十年的财务报表，因此，这里只用了过去一年的财务表现去评价一家公司的历史表现是有局限性的，正确做法是计算过去五年的各项财务数据平均值，用平均值评判公司的历史表现，更符合严谨的调研逻辑，不过有些次新股没有那么多的财务数据可供系统调用，而且优秀公司通常具有延续性。异常的业绩大幅波动也会干扰平均值的计算，使得优秀的股票历史财务表现低于筛选阈值及普通股票历史财务表现高于筛选阈值的情况还是会出现。

至于如何使用公式去计算公司过去五年的财务表现平均值，需要使用"通达信"软件才能调用历史财务数据，其他基于通达信架构改良的软件，多数都不能调用历史财务数据。计算平均值只是简单的数学运算，如果对如何用程序语言表达这个运算过程感兴趣，可以使用"专业财务函数"中的 FINONE 函数完成历史财务数据的调用。

另外，使用量化选股得到的股票池需要进行人工再次筛选确认，把那些财务指标符合要求而价值分析却不符合要求的股票去除掉。同时，将那些财务指标不符合公式要求，但价值分析符合要求却被选股公式误判的优秀股票选入股票池。

3.8　选股策略总结

选股策略是分析股票价值的流程和方法。首先分析它的未来前景，从宏观经济和社会整体发展脉络中寻找那些当前处于高景气发展周期的行业，以及未来将会迎来高景气发展周期的行业，这是在选择好的行业赛道。然后在选定的景气行业板块中查看相关股票的历史经营表现，筛选出那些综合竞争力较强的龙头股票。这就是从宏观到微观、从未来到历史去审视股票价值并选出优秀股票的流程方法，作为投资者的你无论什么时候都不要偷懒走捷径。这就要求我们，首先确定股票未来的确定性和成长性，然后确定历史表现出的确定性，在景气行业中首选那些历史表现优秀的龙头股，其次选择具备核心竞争力的潜力股。

前面提到过股票的价值是股价未来上涨为投资者带来收益的概率大小，无论是价值投资者、技术派还是短线投资者，股票价值的底层逻辑是相同的。只不过价值派更多关注的是股票基本面与估值边际所定义的未来投资价值，短线投资者更加侧重市场情绪的集中爆发所创造的股价短线暴涨概率，技术派通常同时关注股票基本面和市场情绪面在盘面图形的具体体现从而确定交易信号。

为什么要关注股票的未来价值呢？因为股价反映股票未来的价值，而且股价通常会提前透支股票未来的价值。这也就意味着，股价通常在未来价值兑现之前提前上涨，如果投资者只会看上市公司公布的财报和信息公告，通常无法在一个较低的价格买到股票，因为聪明资金通常都能提前发现股票未来价值增长的隐含信息。聪明资金在公司利好消息发布前，在低位大量买入股票，等公司利好消息发布时，股价往往已经有了相当大的涨幅，后知后觉的投资者看到利好消息蜂拥而入正好为低位建仓的主力资金提供了极佳的卖出机会，这就是为什么不会分析股票价值的短线投资者总是成为站岗的。学会了股票价值分析后，则不会对股价未来的涨跌趋势感到迷茫，也不会对股价的波动感到困惑，价值是支撑股价的基础，也是投资者评判股票价格的标尺，有了价值作为参照标准，无论是持有股票还是等待股价进入合适的买入区间都是非常从容淡定的。

总结归纳的选股策略就是：选升不选降，选强不选弱，选头不选尾。

"选升不选降"是指选择处于景气周期的行业板块，或者即将迎来景气周期的行业板块。也就是先审时度势看清未来的趋势方向，因为选对方向比努力拼搏更重要，不同的选择会决定你不同的结局。

"选强不选弱"是指在那些处于景气周期的行业中选择未来增长潜力更强大的行业板块或个股，不同行业发展的阶段不同，未来增长的潜力必然有强弱之分，资本逐利必然会推动那些潜力更大的板块，对应股票的价格也会上涨更多。

"选头不选尾"是指选择那些潜力板块中历史表现特别优秀的龙头股票，不要去买那些看似股价便宜而没多大竞争力的尾部弱势公司，龙头股票所具备的安全边际、竞争优势、价值增长潜力是尾部弱势公司无法具备的，这些都是聪明资金选择投资目标时最关心的几项。如果一家公司没有竞争力，无论它所在的行业未来前景有多广阔，都与这家公司没有多大关系。

就像河里可以看到很多大鱼来回游动，不会捕鱼的人即使一直守在河岸边东奔西走，也无法抓到一条鱼。股票投资也是这样，每年都有大涨的股票，那些每天盯着股市行情的投资者，能抓住机会的有多少呢？有多少投资者懂得如何在股市里捕鱼呢？有多少投资者能够洞察机会来临的征兆呢？有多少投资者懂得放眼未来、布局未来呢？

把不同行业的优秀股票收集起来建立自己的股票池，未来出现合适的买点时买入，并且作为首选目标。同时，收集这些股票相关的优秀研报、相关的经济产业政策，经常跟踪股票池中股票的信息动态，把收集的信息单独汇集成一个资料库方便随时查看，毕竟人的记忆力十分有限。

当然，要经常关注重大会议和产业新闻，它们是寻找未来优秀行业和股票的重要手段。重大经济战略决定了哪些行业可以获得大量资金的支持。股价与公司的业绩密切相关。所以，投资者需要每天阅读大量经济新闻获取信息，并且深度思考新闻背后潜藏的投资价值或风险。股票投资最重要的事不是盯着 K 线一直看，而是花费大量时间收集信息并思考那些驱动股价中长期波动的经济变化逻辑对投资者预期产生的影响，即推动投资者集中买卖某些股票的各种因素背后的底层逻辑原动力。

其中，消费行业由于其具备弱周期性，因而在经济不景气时容易成为资金扎堆抱团的目标，不过选股的原则依然不变，那些处于行业头部的优秀消费品生产公司值得长期关注，尤其是那些盈利能力比较强的中高端消费品公司。

分析宏观经济和行业未来的发展脉络需要十分专业的经济学知识，如果投资者不具备这样的能力，可以阅读一些宏观分析师的文章和一些行业研报，当然，微信公众号也是不错的资源。这些信息虽然不一定特别准确，但是可以给投资者提供大致的方向判断。需要注意的是，找的文章一定要有深度，那些为了蹭流量而毫无深度见解甚至违背经济学常识的文章不要看，以免被误导，最好选择那些阅读量持续保持较高水平的作者写的专业文章。

如果从新闻或别人的推荐，接触到一只感兴趣的股票，那么，要先确定股票所属的行业，以及行业当前的状况与未来的发展前景，然后对比这只股票与其他竞争对手的实力高下。分析股票价值的流程不可以省略，更不可以把自己资金的安全寄托在别人身上，不可轻信别人的判断。

对于从新闻获得的一些关于上市公司的信息，不要全盘接受，因为有些新闻人士缺乏对事件的洞察力，只是根据经济学基础知识和惯性思维得出一些简单的结论。股价涨跌最底层的逻辑是市场产品的供给和需求发生了变化，进而影响公司的盈利能力，基于这条理论，需要正确地分析信息造成的影响，通过思考以下几个问题能得出正确的判断：

- 信息影响的是与公司相关的供给侧还是需求侧？
- 消息会导致供给和需求什么样的变化（增加还是减少）？
- 如果发生供需变化，那么，变化会在什么时候到来（近期还是远期）？
- 供需变化是暂时性，还是持续性？
- 变化是只对个别公司有影响还是会影响到产业链上下游或多个行业？
- 市场投资者（尤其是主力资金）对待消息的真实态度（放量持续下跌还是下跌后价格快速反弹）？

● 信息是否会产生实质性的影响，还是大家对消息反应过度了？

在此，重温一下商业的本质，因为商业价值才是股票价值的根源所在。它是公司的产品或服务能够为社会创造什么样的幸福。而幸福源于人的需求被刚好满足甚至超预期满足。也是某个人、事、物能够温暖你的心。人的需求主要有生理需求和心理需求，贯穿于人的生老病死、衣食住行等这些社会生活细节中。

第 4 章

择时策略

择时策略是指投资者制定一系列确定买卖股票时机的决策条件，并根据自己制定的交易策略进行交易，以帮助投资者避免情绪冲动导致的错误交易行为，从而提高交易成功率。

其实，不管你是价值投资者、技术派抑或是短线投资者，在决定买卖股票时都需要选择一个买入或卖出的时机，不同流派根据自己确定的交易策略选择买卖时机从而抓住股价波动带来的收益或回避股价下跌造成的损失。

不是有价值的好股票在什么时候都可以买入，投资者在错误的时机买入大牛股同样会造成巨大亏损，牛市里散户更容易亏钱就源于此。投资者在错误的时机卖出股票通常会造成两种结局：一是股价上涨趋势中卖出太早而错失股价上涨所产生的巨大利润；二是股价进入下跌趋势后卖出太晚被深度套牢或回吐大部分盈利。

股票投资获利的核心原则是在低价买入高价卖出，其中，什么价格算低？什么价格算高？择时策略本质就是在分析股票的价格相对于它的未来价值的差值，以及考察市场对股票价值的认同度，如何量化这些因素并大致确定股价未来中长期的涨跌方向则是确定择时策略的关键。

我理解的择时策略主要包含两大模块：估值分析粗略择时和筹

码分析精确择时，量化择时属于进阶的部分本书暂不讲解，如图 4-1 所示。

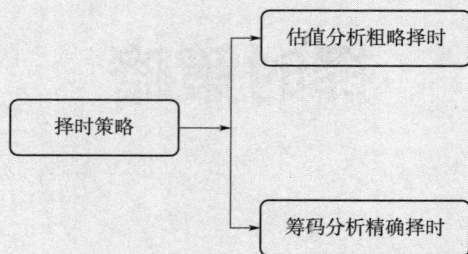

```
                            ┌──────────────────┐
                    ┌──────▶│  估值分析粗略择时  │
                    │       └──────────────────┘
  ┌──────────┐      │
  │ 择时策略  │──────┤
  └──────────┘      │
                    │       ┌──────────────────┐
                    └──────▶│  筹码分析精确择时  │
                            └──────────────────┘
```

图 4-1 择时策略逻辑框架

估值分析是为了确定一个比较宽的买卖信号区间，当股价进入这些区间后就意味着买入或卖出信号随时会出现，也是确定当前的价格是否是投资者期望的"好价格"。筹码分析主要是投资者通过感受多空博弈的态势去确定一个比较窄的买卖信号区间，在这样的买卖信号区间交易，投资者可以避免买入标的后出现大幅度的浮亏或利润大幅回撤，从而影响心态。同时，它也是确定当前是不是买入的"好时机"。投资者通过估值分析和筹码分析这两个步骤实现交易成功的概率最大化。

在本章中，笔者将会讲解股市波动的大致规律、估值分析方法和筹码分析方法，通过细致地理解股市波动的本质根源和表象特征，从而学会制定正确的买卖策略，完成股票投资中重要的"择时"环节。

4.1　股市脉动

投资者想要明白什么是合适的买卖时机，必须先对股市波动规律有全面透彻的认识，在具体阐述择时策略前，先详细分析一下自己对股市波动规律的总结，这些经验总结也是自己择时策略的来源，具体内容如下：

- 不走直线，必走曲线。
- 不会相同，只会相似。
- 多走极端，少走中间。

上述三条定律笔者用下图完整展示了股价波动与股票内在价值之间存在一种看不见却真实存在的联系，虽然看似没有规律，实际内含力量，即股价长期围绕股票的内在价值波动并且经常预演未来的价值变化，如图 4-2 所示。

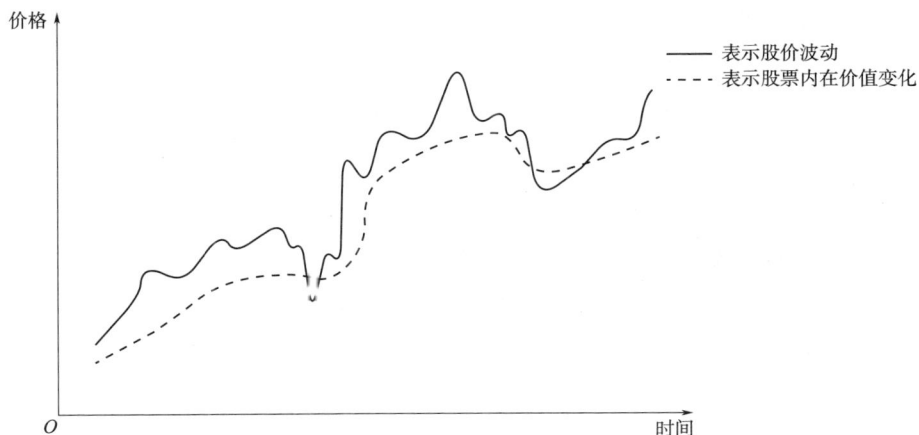

图 4-2　股票价格与价值的波动示意

图 4-3 为五粮液从 2006 年至 2021 年的周 K 线图，从 K 线图中可以看到它的走势基本符合笔者所述的股价波动三定律。

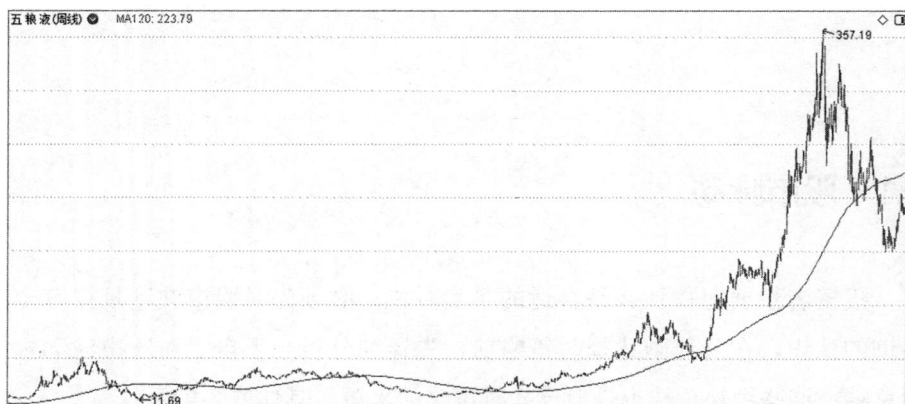

图 4-3　五粮液 2006 年至 2021 年股价走势（周 K 线）

如果耐心学习并实践了价值投资的思路体系，就会发现股价与股票的内在价值是密切相关的。在明白了股市脉动的本质规律后，就能更好地判断何时是最佳的买卖时机，从而在确保本金安全的基础上获得丰厚的投资回报（它是所有价值投资者践行的投资原则）。

其实短线投资者也想实现这样的目标，只不过短线投资者很容易被那些可能存在的股价暴涨现象迷惑了心智，甘愿冒着极大的风险去赌那些可能获得的短期暴利。不是说短线投资不能成功，问题是投资者既不想承担巨大风险而又想获取短期暴利是十分矛盾的，这样矛盾的内心要如何决策形成实际的行动呢？能够容忍巨大风险并敢于上场搏杀的短线高手甚至可以取得超越价值投资大师的投资收益，只是有多少人能管住自己那颗躁动的心而长时间等待那不容易出现的绝佳机会呢？多数短线投资者会在一次次幻想的暴富变成被套后耗光自己的本金，当难得一遇的绝佳机会来临时却没有了进场搏杀的本金，甚至于已经彻底丧失了继续搏杀的自信和勇气，这样的故事在股票和期货交易市场中十分常见。

同时，在股市大涨行情中，投资者盲目乐观的亢奋情绪总是会把股价推向过分高估的位置；而在股市大跌行情中，投资者的群体恐慌又会把股价打回估值合理或低估的位置。

当你明白了股市脉动的规律后就会习惯性地问自己："现在是合适的买卖时机吗？"

当你试图找到这个问题的答案时，就会提出第二个问题："现在的价格是高还是低？"

接着你会提出第三个问题："这只股票的价格高低该如何评判？"

价值投资者确定买卖时机的依据是市场对于股票的定价与股票未来价值之间的差距或比例关系，也就是投资者常说的估值。聪明的投资者总是在股票估值合理或低估时买入，在股价被严重高估时卖出，这就是价值投资者选择买卖时机的原则。如何确定股价是低估还是高估就是价值投资者关心的首要问题，也是股市所有投资者津津乐道的问题，甚至你可以在股票论坛上看到多空双方唇枪舌剑的争辩。

股票估值有相对估值法和绝对估值法，其实两种方法之间没有绝对的区别，只是考察的时间维度不同而已，而且估值是一门艺术，无论哪一种估值方法都不能得出一个准确的结论用于指导投资者确定最佳的买卖时机。下面介绍两种估值方法，以及股价波动与估值之间的隐性联系。

4.2 相对估值法

相对估值法来源于它的定义，也被称为市盈率倍数，常用的市盈率（PE）、滚动市盈率（PE-TTM）、市盈率增长比率（PEG）、市净率（PB）等估值方法都是相对估值法，因为它们都是取两个与股票价值相关的数值进行比较得出。

1. PE

下面是 PE 的计算公式。

$$PE = \frac{股价}{EPS}$$

其中，静态 PE＝股价÷EPS，EPS 代表每股收益，静态市盈率只关注当期利润，所以静态市盈率没有多大参考价值，于是出现了动态市盈率，PE（动）＝PE（静）×动态系数。而动态系数的计算公式如下：

$$动态系数 = \frac{1}{(1+i)^n}$$

其中，i 是公司当前的每股收益（EPS）同比增长率，n 为预估该公司保持该利润增速的时间。

由动态系数和 PE（动）的计算公式，可以看出动态市盈率是一个预测值，其次动态市盈率的变化与公司每股收益的变化密切相关。所以，当看到公司财报业绩大增时 PE（动）会变小，而业绩大减时 PE（动）会突然变大，特别是公司由于非经常性损益导致的 PE（动）剧烈变化时潜藏一些陷阱或黄金坑。那些因为非经常性损益导致利润大增的公司股价即使被炒高后，也会在业绩公布后 PE（动）看上去很低，但是你会发现这样的股票即使市盈率很低也没法吸引大资金去购买股票，推动股价上涨并使得市盈率达到平均水平，因为聪明资金知道这样的低市盈率不是公司正常经营业绩导致的，而是不可持续的非经常性损益导致的，这样的低市盈率不是低估的特征，而是一个"低估陷阱"。

比如 2020 年的昆仑万维，出售一家子公司的控股权获得大量收入导致利润大增，可以预见在公布业绩报表后 PE 将会很低，似乎很有投资价值。事实却是股价并没有因为业绩大增的利好任性地上涨，反而是在高位震荡后大幅下跌，如图 4-4 所示。

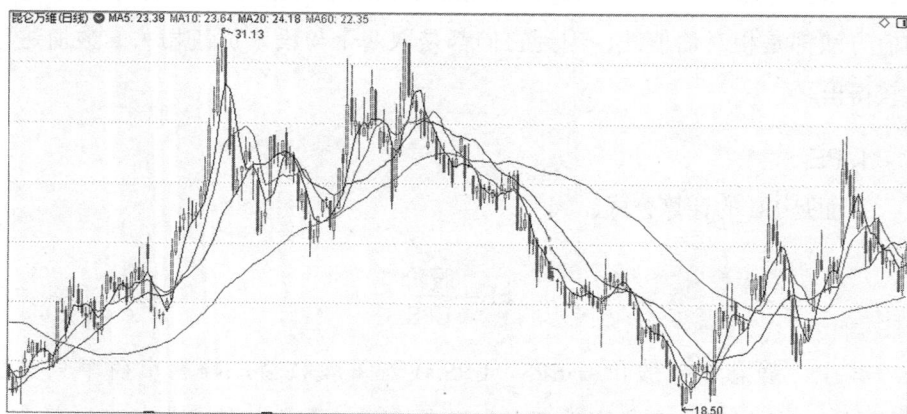

图 4-4 昆仑万维 2020 年股价走势（日 K 线）

另外一种情况是公司业绩大减是因为非经常性损益导致业绩受损，而公司本身的经营没有什么变化，这样的利空消息会导致投资者抛售股票从而把股价砸向较低的位置，而聪明的投资者会发现剔除非经常性损益后的利润依然是增长的，虽然动态市盈率看上去挺高，实际上却是一个极佳的买入机会。

比如蓝思科技在 2019 年的走势就很经典，经历 2018 年整整一年的漫长熊市后，很多优秀蓝筹股都在 2019 年业绩改善时开始了一轮轰轰烈烈的大牛行情，而蓝思科技作为苹果手机产业链中响当当的优质蓝筹股却只是在 2019 年 2 月到 5 月短暂上涨后便出现了一轮暴跌，股价下跌的原因是蓝思科技披露的中报预告提示预计亏损，在蓝思科技正式公布 2019 年中报后，公司的 PE 看起来比较差劲，股价也跌回了 2018 年的低点位置。

如果你从市盈率角度分析，此时的蓝思科技是一只烂股票，它的未来似乎没什么潜力可言。而导致蓝思科技 2019 年中报业绩不佳的原因是公司在 2018 年投入大量资金用来建设产业园和研发新一代的手机盖板玻璃，公司在经济萧条期大胆地进行创新研发，准备在未来占据更有利的竞争地位。聪明资金在蓝思科技因为业绩不佳大跌后悄悄在低位买入，而当蓝思科技公布 2019 年三季报时，市场中的投资者十分吃惊，蓝思科技三季报业绩大增。

公司 2018 年大量研发导致 2019 年上半年业绩很差，它的 PE 看起来毫无吸引力，但是仅仅过了半年，公司曾经投入大量资金研发的新产品为公司创造了大量利润，三季报后的 PE 瞬间又变得魅力无限。而当市场中的投资者醒悟时，它的股价早已从 7 月的 6 元涨到了 11 月的 14 元，然后又借着三季报业绩大增的利好，以及 2019 年牛市的惯性冲上了 23.37 元，如图 4-5 所示。

从蓝思科技 2019 年的 PE 变化和股价涨跌可以看出，对于优秀股票的 PE 变化，投资者要沉下心去深查 PE 变化的深层次原因，优秀的股票通常具备强大的护城河和经营能力，只要公司的未来发展前景没有问题，那么好股票因为短暂的业绩波动而大幅下跌就是一个买入的好时机，那是一个难得一见的"黄金坑"。仔细研究蓝思科技 2019 年 6 月被市场砸出的"黄金坑"，会让你在以后的股票分析和投资中受益颇多，因为将来你还会在股市中发现类似的"黄金坑"。

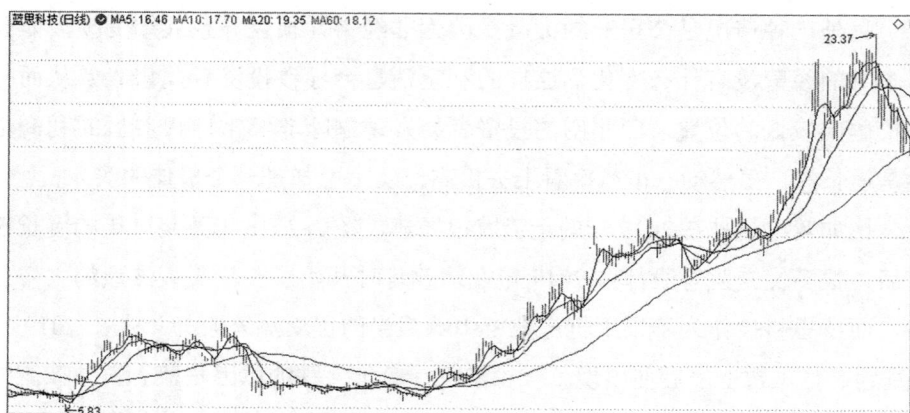

图 4-5　蓝思科技 2018 年至 2019 股价走势（日 K 线）

对于 PE 的内涵，通常认为市盈率的倒数代表投资者可以获得的平均年收益率，或是市盈率数值代表当前投资这只股票会在多少年后收益率达到100%。换言之，市盈率越低代表投资收益率越高，事实是这样吗？

如果仔细地思考一下就会发现这种解释经不起推敲，这种解释把公司的资产和收益率都假设为一个固定值去预测未来公司收益是极其荒谬的。实际上，公司的发展是随着市场经济的变化而动态变化的，况且投资者购买股票并没有强调是为了获取 100% 的收益率，低于 50% 也是可以接受的，收获300% 的收益率也是正常的。最重要的是根据笔者以往的投资经验，在牛市行情里投资那些市盈率很低的股票并不能提供较高的收益率，反而是那些看起来市盈率偏贵的优秀股票可以为投资者创造更高的投资回报率。

2. PE-TTM

PE-TTM 也被称为滚动市盈率，因为它考察的是公司当前市值与公司最近四个季度净利润总和的比值，它随着公司每个季度公布业绩而滚动变化。虽然 PE-TTM 看似比 PE（动）的计算更加严谨，但是，实际上两者之间没有多大的区别，因为两者都是在用过去的利润评估公司的估值高低。在公司每个季度业绩波动不大的情况下，PE-TTM 和 PE（动）经常数值十分接近，而那些一年四个季度业绩波动大的公司会出现 PE-TTM 和 PE（动）差别较大的情况。

$$PE\text{-}TTM=\frac{市值}{近一年的净利润}$$

3. PEG

$$PEG=\frac{PE}{G\times100}$$

PEG 计算公式中的 PE 通常是指 PE（动），G 是指未来一年的预估业绩增速，所以，PEG 是当前市盈率倍数与未来盈利增速的比值。比如，如果公司当前 PE（动）=30，预估公司未来一年业绩增速是 20%，那么 PEG=30÷（20%×100）=1.5。通常大家认为 PEG<1 才具有投资价值，而 PEG>1 是处于高估状态。其实，这个评判股票估值高低的思路有局限性，因为价值投资者通常不是只考察公司未来一年的价值增长，而是考察未来几年的价值增长空间，所以，PEG 指标先天具有缺陷，不过它并不是没有使用价值。在市场恐慌把股价砸到一个较低的位置后，PE（动）会大幅变小，在股票未来一年业绩增速有保障的情况下会出现 PEG 明显小于 1 的情况，这时，是投资者捡便宜的机会，它与价值投资的基本原则是一致的。PEG 在市场情绪亢奋导致股票的市盈率普遍偏高时会失去参考价值，因为按照 PEG 的定义没法在这种情况下找到合适的买入目标。即使是在优秀公司估值合理时也会导致 PEG 失去参考价值，因为公司的发展是动态的，未来一年的利润增速下滑不代表未来价值一定会缩水。

4. PB

$$PB=\frac{市值}{净资产}$$

PB 称为市净率，它衰达的是公司市值与公司净资产之间的比率，它对于不同类型的公司有不同的意义。对于主要依靠净资产来盈利的公司可以使用市净率指标去评判它的估值高低，比如以商业存贷款业务为主的银行。而对于那些净资产对公司利润贡献较小的公司而言，市净率没法评估公司的估值高低。所以，PB 不适合用于大多数公司的估值评判。

以上几种相对估值法其实都有一定的缺陷，它们评估公司估值的时间维度多数着眼于过去的业绩，考察的时间跨度通常只有一年，而股价的涨跌取决于投资者对股票未来价值增长的预期，几种相对估值法都不能准确表达未来价值增长的评判尺度。甚至有时候会发出相反的指示或滞后性严重，因为股价经常提前上涨透支股票未来的价值增长或提前下跌消化股票未来的价值缩水。还有一点需要说明，那些具备核心竞争力而利润较少甚至亏损的优秀公司根本没法用相对估值法进行评估，比如处于发展初期的半导体、芯片和互联网科技公司。

通过以上对于相对估值法的理解，相信你就能明白为什么有些时候股票市盈率偏高而股价却能走出一波大行情，有些时候股价大涨后市盈率还是很低而股价却失去了上涨的动力甚至会在大幅增长的业绩公布后股价开始下跌。

其中，PE（动）是大家最常用的一种相对估值法，很多人一直纠结的是PE（动）多少算高估，多少算低估或是合理。其实这是没法解答的一个疑问，因为PE（动）既跟股价变化有关，又跟公司过去的业绩有关，股价受投资者情绪影响较大，牛市时大家能够容忍更高的估值泡沫，熊市时大家对于估值泡沫的容忍度就大幅降低，所以，可以看到一只股票在基本面没什么变化的情况下不同年份的股价表现却有明显差异。

业绩增速快的公司往往能够支撑略微高一些的市盈率，因为公司快速增长的利润可以很快拉低市盈率，消化因为股价大幅上涨导致的估值泡沫，可以对照市盈率的计算公式认真思考其中的逻辑。业绩增长缓慢的公司无法长期支撑较高的市盈率，因为在市场情绪退潮时大家都厌恶估值泡沫潜藏的风险，也就是"恐高"。所以，那些能够稳定保持较高业绩增长的公司的市盈率看起来总是偏高，而那些业绩不稳定或增长十分缓慢的公司，即使市盈率很低也没法吸引大资金去购买它的股票。

以贵州茅台2019年走势图为例（下面是日线图），简单说明为何优秀的公司可以持续支撑高估值并且股价不会大幅下跌，如图4-6所示。

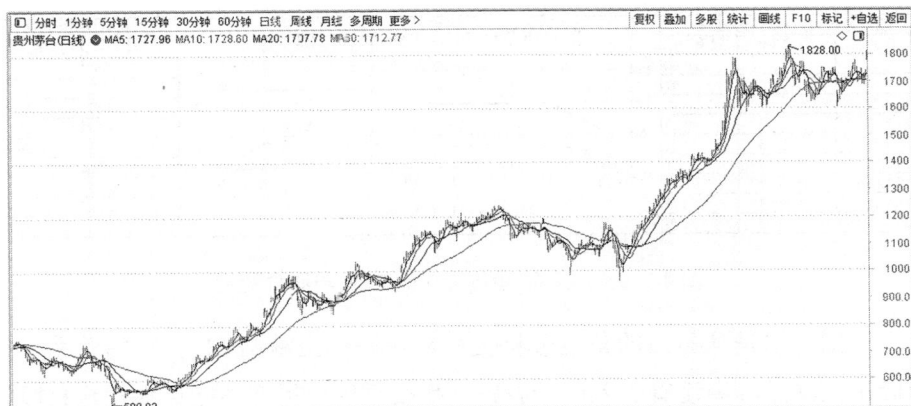

图 4-6 贵州茅台 2019 年股价走势（日 K 线）

贵州茅台基本很少出现立收账款延期入账的情况，因此，这样的股票 PE-TTM 与 PE（动）基本同步。通过观察 PE-TTM，可以分析贵州茅台 2019 年的股价和市盈率变化。2019 年初，贵州茅台 PE-TTM 为 21，股价为 600 元，随着股价的不断上涨，在 4 月公布一季报之前，当股价涨到 97 元时，它的 PE-TTM 上升到了 35，在公布一季报之后，PE-TTM 又下降到了 32，4—7 月股价横盘震荡阶段，中报披露后它的 PE-TTM 略微下降到了 31，之后三季度股价继续大幅上涨到 1 210 元左右，在披露三季报后，它的 PE-TTM 上升到了 37，随后 2020 年初公布 2019 年报时，贵州茅台股价为 1200 元，此时它的 PE-TTM 为 37。

如图 4-7 所示，在 2019 年，贵州茅台的股价从 600 元一路上涨至 1 200 元的过程中，它的 PE-TTM 也不断升高，而在每次公布业绩报表后它的 PE 都能快速向合理估值下降。2019 年尽管贵州茅台股价上涨了 100%，但贵州茅台的 PE 从 21 到 37 大约上升了 76%，贵州茅台 2019 年平均业绩增速在 25% 左右，股价大幅上涨的泡沫快速被公司增长的业绩填补，而且基于茅台酒的稀缺性和高毛利使得投资者预期公司能够长期保持较强市场定价能力和盈利能力，这就是优秀公司业绩稳定增长持续消化股价上涨产生的估值泡沫并能够支撑股价持续上涨的逻辑。

贵州茅台2019年PE与股价表			净利润及同比增速	
日期	PE-TTM	股价/10	净利润（亿）	同比增长%
2019.1.2	21	60	352	/
2019.4.24	35	97	352	/
2019.4.25	32	97	112.2	31.91
2019.7.17	32	96.3	112.2	31.91
2019.7.18	31	96.3	199.5	26.56
2019.12.15	39	121.1	199.5	26.56
2019.12.16	37	121.1	304.5	23.13
2020.4.21	37	120	304.5	23.13
2020.4.22	37	120	412.1	17.05

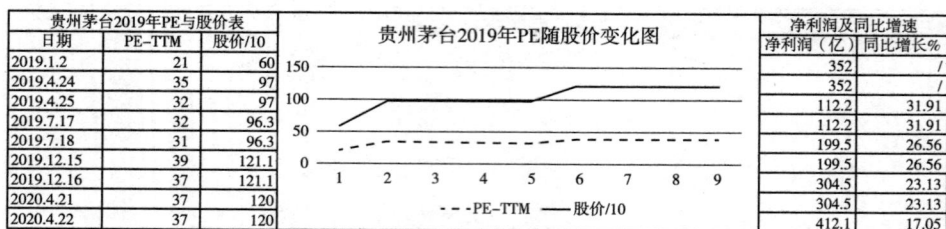

图 4-7　贵州茅台 2019 年 PE-TTM 与股价变化

当然，这是从事后的角度分析优秀公司股价上涨与 PE 变化的关系，如果股价上涨过程中没有买入这只股票，那么事后分析并不能让你从这只股票里赚到钱，以贵州茅台作为例子分析的意图是我想向大家说明：从 PE 角度分析支撑优秀公司股价上涨的逻辑所在。比如片仔癀、万华化学、海螺水泥这些行业龙头在景气周期时都出现了类似贵州茅台的上涨行情，明白这种慢牛股的上涨逻辑和分析思路后，就能在将来把握住类似的投资机会。需要做的是找到那些当前估值合理且未来能够实现业绩持续增长或大幅增长的好公司，在恰当的价格位置买入从而获得不错的投资收益。这是我对使用 PE 进行股票价值分析的逻辑，供大家借鉴。

接下来再以延江股份 2020 年的业绩变化和股价走势说明 PE 变小不代表股票投资价值增大的案例，如图 4-8 所示。

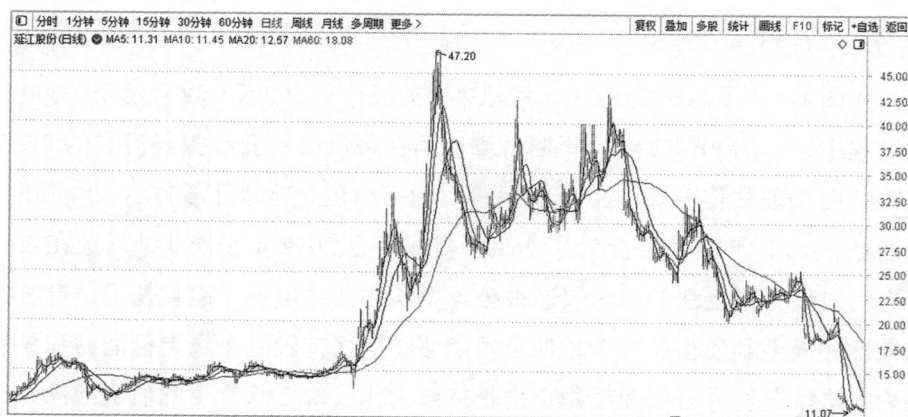

图 4-8　延江股份 2019 年至 2020 年股价走势（日 K 线）

延江股份的股价从 2020 年 1 月开始暴涨的根源是因为当时社会急需大

量医用防护口罩，而制造医用口罩的核心原材料是熔喷无纺布，延江股份恰巧有相关的材料库存。由于生产医用口罩的材料紧缺，导致材料价格暴涨数倍，投资者很自然会想到公司未来的业绩会大涨，而事实确实如此。延江股份 2019 年净利润是 8 231 万元，2020 年中报净利润 3.04 亿元，2020 年报净利润 3 亿元，2020 年净利润同比增长 264%，如图 4-9 所示。

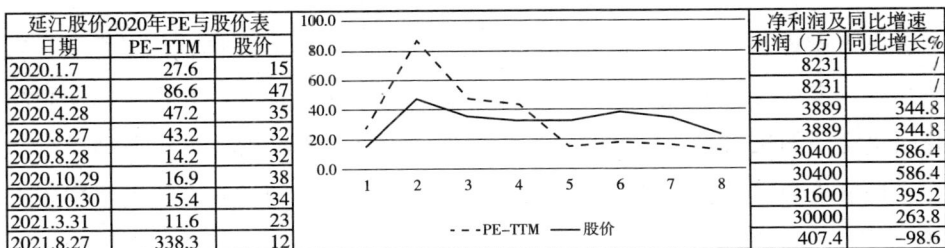

延江股价2020年PE与股价表			净利润及同比增速	
日期	PE-TTM	股价	利润（万）	同比增长%
2020.1.7	27.6	15	8231	/
2020.4.21	86.6	47	8231	/
2020.4.28	47.2	35	3889	344.8
2020.8.27	43.2	32	3889	344.8
2020.8.28	14.2	32	30400	586.4
2020.10.29	16.9	38	30400	586.4
2020.10.30	15.4	34	31600	395.2
2021.3.31	11.6	23	30000	263.8
2021.8.27	338.3	12	407.4	-98.6

图 4-9　延江股份 2020 年 PE-TTM 与股价变化

从 2020 年延江股份 PE 与股价变化数据中我们可以看到，在这只股票开启暴涨行情时，由于业绩还没有快速兑现，随着股价快速从 15 元上涨到最高 47 元时，它的 PE-TTM 快速飙升到超过 85，而在公布半年报和三季报之后，它的 PE-TTM 又快速回落到 15 以下。它的股价从年初的 15 元到公布年报时的 23 元，价格上涨超过了 50%，而 PE-TTM 却从年初的 27.6 下降到年尾的 11.6。

不是通常说 PE 越小投资价值越大且越安全吗？

这是不是意味着 2021 年初价格 23 元的延江股份具备明显的投资价值？不是这样。根本原因是公司 2020 年业绩大增是偶然因素导致的，随着国家大力保障口罩材料供给渠道和产能提升，延江股份很难再获得 2020 年那样暴赚的机会，随后公布的 2021 年业绩也证实了这样的发展趋势。2021 年延江股份半年报净利润 407.5 万元，同比增速是 -98.66%，业绩下滑简直惨不忍睹，此时，它的股价是 12 元，PE-TTM 为 338.3，会看到同样一只股票的 PE 在短时间内如此戏剧性的变化，股价走势也是足够魔幻，宛如一趟刺激的过山车。

为了避免遭遇如此过山车式的涨跌行情，投资者需要明白：不是 PE 变小就代表投资价值变大，需要重点关注的是公司 PE 变小的实际原因，以及它未来的业绩能否继续增长。未来失去了想象力的公司有谁会去投资呢？所以，对于这种偶然因素导致业绩大增，但是未来不可持续的股票，聪明资金在股价大涨后就会及时卖出，因为他们知道这样普通的公司未来根本无法支撑较高的估值泡沫。股票投资是在投资股票未来的增长潜力而不是过去的增长，这也就是短线投资者常说的"买在利好预期诞生时，卖在利好消息兑现时"。如果你也喜欢短线投资概念题材股，这条原则还是有道理的。

对于那些新闻消息中经常出现的业绩大增或业绩大减，你要冷静理智地分析后再做评判，因为利润增速其实是个数字游戏，利润同比增长率 =（当前利润－去年同期利润）÷ 去年同期利润。它是由当前利润和去年同期利润共同决定，如果去年同期利润比平均值偏低太多，那么即使今年业绩只是达到平均值也会出现利润增长率较大的情况；如果去年同期利润超出平均值太多，那么，即使今年业绩符合平均增长速度也会显得利润增长率在下降。这其实是个很简单的数学计算游戏。

现在一些自媒体喜欢用一些夸张的标题去吸引读者的眼球，却不管这样的新闻消息会误导多少懵懂的投资者。甚至于有些媒体人对股票完全是一知半解的外行人，他们写的文章毫无深度且缺乏洞察力，只是想用一些"没营养"的文字或视频把大众的关注变成他们自己的收入，也就是大家常说的流量转化。所以，当你读到这样的新闻时，要仔细去翻看公司历史业绩变化，以及造成当前业绩变化较大的具体原因，理智地评估公司的实际价值和未来估值变化趋势。

当你明白关于市盈率与股价变动的内在逻辑后，你就不会再习惯去买那些市盈率很低而股价总是不涨的"便宜"股票了，那些"偏贵"的股票在大跌之后即使市盈率看起来还不算低却依然会吸引聪明资金抄底买入，聪明资金买的是股票的未来，这就是好股票往往表现优异，而劣质股却无人问津的根本原因。

另外，市盈率的高与低是相对于公司自身未来价值增长速度和增长空间来评判的，不是相对于某个大家约定俗成的绝对标准线而言的。理解了这句话，就不会再纠结股价到底是贵还是便宜了。它也可以用于反映聪明资金对于公司未来业绩的预期，高市盈率需要较高的业绩增速支撑。市盈率只是一个工具，它本身没有好坏之分，就看你从什么样的视角去看待和应用它。

4.3 绝对估值法

主流的价值投资派使用自由现金流折现法估算公司未来的内在价值，可以阅读那些价值投资书籍去详细了解自由现金流估值方法的具体逻辑，我在这里就只简单讲述一下到底什么是未来自由现金流折现（free cash flow，FCF），为什么自由现金流折现法可以正确预估公司未来的价值，以及如何应用自由现金流折现法预估公司未来的内在价值。注意，这里有一个前提，只有那些未来价值增长确定性较大的公司才可以用未来自由现金流折现法进行估值，而对那些未来价值增长确定性较小的公司使用自由现金流折现法估值没有意义。

首先，什么是未来自由现金流折现。传统的未来自由现金流折现公式如下：

未来自由现金流折现 = 未来净利润折现 − 资本支出 + 折旧 − 总负债

根据自己做交易这么多年的经验，总结的计算公式如下：

未来自由现金流折现 = 未来净利润折现 − 维持性资本支出 + 名义折旧及减值 − 总负债

未来自由现金流折现 = 未来经营现金流折现 − 维持性资本支出 − 真实折旧减值 − 总负债

其中，"未来自由现金流"的核心在于"未来"和"自由"，它是指公司未来营收或净利润中公司可以自由支配的现金总额，那些必须要偿还的债务和必需的资本支出应该扣除，剩下的金额才属于全体股东可以自由支配的现金资产。不过，只有那些净利润比较稳定或稳定增长的公司才适合使用净利润计算它的未来自由现金流。

未来经营现金流折现是指未来几年公司可以获得的经营现金流量净额以一定的折现率折现到现在的现金流价值总额。那些处于扩张发展期的公司通常没有多少净利润，大部分的经营现金流都用于公司的扩张发展或技术研发，这样的公司不能用净利润去计算未来自由现金流了，只能用未来经营现金流净额计算未来自由现金流，但前提是这家公司必须具备某种竞争优势和巨大的未来成长空间。

维持性资本支出是指公司为了维持公司正常运转而必须投入的一些必要的资本开支，比如公司设备技术淘汰或损坏，必须重新购买相应数量的新设备以维持公司运转。而现有设备正常却继续增加购买量扩大生产规模则不属于维持性资本开支，而是属于扩张性资本开支。扩张性资本开支通常可以增加公司未来生产规模，而维持性资本支出是为了维持公司现有生产规模大致不变。研发投入属于扩张性资本开支，因为研发成果通常会形成无形资产并对公司未来营收产生一些影响，只不过会计准则对于无法用货币定价或没有经过交易形成货币定价的无形资产不列入资产项目，通常把研发支出作为一项管理费用列支在企业财务报表中。

折旧及减值是指公司每年都会对固定资产价值随着时间推移而折旧或减值并从营收中抵扣的部分，财务报表中的折旧和减值有时是真实发生的折旧和减值抵扣，而有些只是名义上的折旧和减值。

比如，公司一台设备的使用寿命是八年，那么随着时间的推移这台设备必然是越来越旧，它的价值肯定是不断减少的，这样的折旧减值属于真实正常的资产折旧减值，而机场的跑道及航站楼、公司的房屋建筑等固定资产使用年限通常是几十年，每年只需要花费很少资金进行维护保养，但是公司通常也会对这些固定资产进行折旧减值，从营收中扣除相应的金额留存在公司账户中，甚至一些公司会对购买的无形资产进行折旧减值，这样的折旧减值其实只是名义折旧减值。

还有一种情况是公司购买的一些原材料出现价格下跌，公司在财务报告中也会进行资产减值处理，这样会使得公司的净资产出现变化，而实际上这样的减值对未来的营收是没有任何影响的，只是对净利润有影响。在财务报表核算净利润时它们会把名义折旧减值扣除掉，所以，你在使用净利润计算未来自由现金流折现时要把这些名义折旧减值加回来，否则会出现偏差较大的预估。相反，那些未来很可能出现大幅折价减值的资产而公司不及时进行折旧减值处理的情况，要主动扣除这些可能性极大的未来价值损失，避免高估公司的未来价值。财务报表其实有很多可以控制的数据变动，作为投资者的你需要具备相应的识别能力。

　　总负债是指公司总体承担的负债项目，负债终究是要偿还的。需要说明的是公司的资产和负债其实是动态变化的，未来的资产和负债可能增加也可能减少，所以，你在进行未来自由现金流折现估值时需要动态跟踪公司的变化，不能偷懒使用过时的自由现金流折现值作为投资评判依据。

　　公司价值与股权价值的计算逻辑如下：

　　总资产 = 股东权益（净资产）+ 总负债

　　公司未来的价值 = 未来总资产 = 未来净资产 + 未来总负债

　　未来净资产 = 当前净资产 + 未来自由现金流折现

　　股权未来的价值 = 未来净资产

　　由于股价反映的是公司每股代表的总资产，因此，公司市值代表公司未来的总资产价值，而不是未来的股权价值。未来的股权价值是股东投资这家公司未来可以享有的实际价值，因为公司未来创造的总营利中包含了使用债务资金创造的收益，因此，股价包含股东权益（净资产）和债务资金两部分所代表的价值。

　　评估公司的估值是在计算公司未来的总体价值，计算未来自由现金流折现是为了评估未来的股权价值，所以，在使用绝对估值法进行估值分析时不要简单地拿未来自由现金流折现值与股票市值去比较，而应该是拿未来自由现金流折现值与当前市值扣除未来总负债后的净价值进行比较。公式如下：

$$未来价值倍数 = \frac{未来净资产}{当前总市值 - 未来总负债} - 1$$

$$未来价值倍数 = \frac{未来总资产}{当前总市值} - 1$$

　　以上两个计算未来价值的公式，各有不同的应用，对于那些负债较少而盈利能力很强的公司可以使用未来净资产去计算未来价值倍数，而那些使用较大负债进行扩张发展的公司，则应该使用未来总资产计算未来价值倍数。当然，前提都是所考察的公司未来确定性很大且当前表现出了明显的竞争优势。

　　未来收益率就是指按照预估的未来时间周期内投资可以获得的收益率，

如果你计算的是未来三年的未来价值倍数，那么，你得出了未来三年可以获得的投资收益率。当然，这个数值只是根据一系列预设条件计算得出的一个参考数值，未来不一定能够达到你预期的收益率，也许会获得超出预期的收益率，公式如下。

未来收益率 = 未来价值倍数 ×100%

总之，一切都是动态变化的，未来是不可能准确测算的，计算未来价值倍数只是在寻找一个模糊而正确的指导方向，而不是为了计算出一个精确而错误的参考边界。

现金流折现（discounting cash flow，DCF）是计算未来收益率相对稳定的金融资产未来价值折现的通用工具，尤其是针对国债和蓝筹股特别有效。那些业绩不稳定的股票和其他金融资产很难用 DCF 模型计算出相对准确的未来价值折现。

计算现金流折现（DCF)的公式如下：

$$P = \sum_{t=1}^{n} \frac{CF_1}{(1+r)^t} = \frac{CF_1}{(1+r)} + \frac{CF_2}{(1+r)^2} + \cdots + \frac{CF_t}{(1+r)^t}$$

其中，t 表示时间周期，r 表示折现率，CF 表示当年净利润或经营现金流净额。折现率的计算公式如下：

折现率 = 无风险利率 + 要求风险溢价率

无风险利率通常等同于五年期国债收益率，要求风险溢价率表示投资者购买这只股票所期望的额外收益率，因为股票相对于国债是风险资产，承担风险必然是为了获得超额的收益率，所以，折现率可以理解为在无风险收益率基础上叠加，要求风险溢价率得出的一个期望未来收益率。股票的未来风险越大，要求风险溢价率也越大，反之则越小。所以，那些比较稳定的蓝筹股可以使用相对小一点的折现率，比如 7% 或 8%，那些风险较大的股票可以使用稍大一点儿的折现率，比如 9% 或 10%。

当年净利润或经营现金流净额通常是在前一年基础上乘以预估的业绩复合增速（以 S 表示）得到，$CF_2 = CF_1 \times (1+S)$，$CF_3 = CF_2 \times (1+S)$，以此类推。注意，复合增速跟平均增速不是一个概念。

时间周期选择多久合适，要根据股票业绩稳定性和发展阶段进行区别对待，业绩稳定的股票可以选择计算未来五年甚至十年的 DCF，而业绩不稳定的股票可以选择能预估它可能保持相对稳定的未来一段时间计算其价值，比如未来 2 至 5 年。

$DCF_1=CF_1\div（1+r）$，$DCF_2=DCF_1\times（1+s）\div（1+r）$，$DCF_3=DCF_2\times（1+S）\div（1+r）$，以此类推。由此推导出未来现金流折现值 $P=DCF_1+DCF_2+\cdots+DCF_t$。

从 DCF 的计算公式可以发现，折现率和未来业绩增速的选择对计算结果影响很大，也就意味着针对同一家公司，不同的人使用相同的公式得出的现金流折现值会有明显差异，尤其是折现率的差异会对结果影响很大，甚至是"差之毫厘，谬以千里"。所以，不要期望使用绝对估值法能计算出一个可以绝对信赖的参考值作为投资指引。

同时，股票是一种未来价值可以大致估算的金融资产，如果知道了股票未来一个时间点的价值，那么采用未来价值折现法就可以计算出那个未来价值折现到今天的价值，只有以大幅低于折现价值的价格买入这个股票才能获得比较好的投资回报。

下面以五粮液作为案例演练 DCF 的计算过程。以 2019 年初为起点，如果预期五粮液未来五年能保持一个相对稳定的增长，预期未来五年业绩复合增速为 20%。由于高端白酒的市场空间相对稳定，业绩保障能力较强，因比，把折现率设定为 7%，那么，五粮液未来五年的 DCF 计算过程见表 4-1。

表 4-1 五粮液 2018 年至 2023 年 DCF 计算过程说明

时间（年）	净利润（亿元）	DCF（亿元）
2018	133.8	/
2019	133.8×1.2=160.56	160.56÷1.07=150.07
2020	160.56×1.2=192.67	192.67÷1.07=180.07
2021	192.67×1.2=231.20	231.20÷1.07=216.07
2022	231.20×1.2=277.44	277.44÷1.07=259.29
2023	277.44×1.2=332.93	332.93÷1.07=311.15
DCF 合计：		1 116.65

通过以上计算，可以得出五粮液 2019 年至 2023 年这未来五年现金流折现值为 1 116.65 亿元，这个数值只是五粮液未来五年净利润的预估折现值，那么，在 2019 年 1 月，如何评估五粮液的投资价值呢？

根据 FCF=DCF- 维持性资本开支 + 名义折旧及减值 - 未来总负债，五粮液截至 2018 年 12 月 31 日的年报披露，股东权益（净资产）651.19 亿元，总负债 209.75 亿元，维持性资本开支通常可以用长期资产减值损失和长期待摊销费用代替，五粮液 2018 年底长期待摊销费用为 1.32 亿元，长期资产折旧减值每年平均 4.8 亿元，未来五年的维持性资本开支大约为 1.32+4.8×5=25.32 亿元，忽略公司的固定资产折旧减值，那么五粮液 2019 年 1 月的未来自由现金流 FCF=1 116.65-25.32-209.75=881.58 亿元。

根据公式：未来净资产 = 当前净资产 + 未来自由现金流，那么，五粮液 2019 年 1 月的公司未来五年净资产为 651.19+881.58=1 532.77 亿元，2019 年 1 月 2 日五粮液股票收盘价为 46 元，总股本 38.8 亿股，折算总市值为 1784.8 亿元，假设五粮液未来的负债水平保持不变，未来也没有其他导致净资产增减变动的事项，那么，五粮液按照未来净资产计算它的未来五年价值倍数 = 1 532.77÷（1 784.8-209.75）=0.97，未来收益率 = 未来价值倍数 ×100%，它意味着如果我们计算五粮液未来五年的 FCF 是相对准确的，那么，在 2019 年 1 月 2 日以 46 元买入五粮液可以在未来五年获得至少 97% 的投资收益率。

对照五粮液 2017 年至 2019 年的业绩增速，设定 20% 的复合业绩增速似乎偏低，计算出 2019 年和 2020 年的净利润都低于实际净利润，但是不要忘记复利增长效应，如果把复合业绩增速设定过高会导致后期计算的利润大幅超出实际可实现的利润。因为高端白酒市场相对稳定，竞争也稍显激烈，五粮液虽然在行业中占据龙二位置，不过它的位置相比贵州茅台而言稳定性要差一些。如果要计算五粮液未来十年的 DCF，那么，应该使用三段法进行计算，也就是把未来十年的业绩增长划分成三个时间段各自使用不同的业绩增速进行计算，这才能算是比较科学的，因为如果使用一个固定的业绩增速计算十年的 DCF 会导致从第五年开始的净利润大幅超出实际值，这样就失去了估值的意义。

通常情况下，计算未来五年的现金流折现可以使用两段法进行计算，计算未来三年的现金流折现使用一个复合业绩增速就够了。稳定型的消费类公司除非找到新的爆款消费产品为公司贡献新的业绩爆发增长，否则，基本会遵循均值回归定律，也就是利润增速达到顶峰后增速会变慢回归平均水平，当然，还要考虑通货膨胀导致的货币贬值形成利润"虚胖"。

对于五粮液 2023 年能否实现超过 300 亿的净利润我自己表示怀疑，所以，使用一个固定的复合业绩增速去计算未来五年业绩和现金流折现应该谨慎控制预设的业绩增速。也许你看着五粮液 2019 年至 2020 年的股价上涨会说我们估算的价值还是低估了太多，因为五粮液从 2019 年 1 月到 2020 年上涨超过了三倍，而绝对估值法给出的未来五年投资收益率才 97%。对于这个问题，需要知道的是市场总是会因为过度亢奋和过度恐慌而把股价推向极端。

市场对于股票的定价可以拆解成三部分：股票当前的真实价值、股票未来的价值增长和市场给予股票的估值溢价。计算公式如下：

股票市值 =（股票当前真实价值 + 未来价值增长）× 市盈率倍数 + 估值溢价

股票当前的真实价值与其发展潜力相匹配的合理估值通常是指过去近一年的合理价值。股票未来的价值增长是指股票未来几年大致能够实现的价值增长，它是以一种保守的增长预估得到的未来价值增长。市场投资者给予股票的估值溢价是市场最让人着迷和恐惧的部分，在市场极度恐慌时会给出负的估值溢价，在市场极度亢奋时会给出泡沫化的估值溢价，这就是价值投资者关注的两个极端情况，也就是价值投资者买入和卖出股票的时候。

下面以我武生物 2019 年走势为例说明如何拆解一只股票的市值，如图 4-10 所示。

我武生物 2020 年 3 月 28 日公布 2019 年的年度财务报告，截至 2019 年 12 月底它的总股本为 52 358.4 万股，净利润为 2.98 亿元，总资产为 14.28 亿元，平均净利润增速 20%。

对于我武生物这样资产负债表构成十分简单的医药股而言，股票当前真实价值 = 总资产。

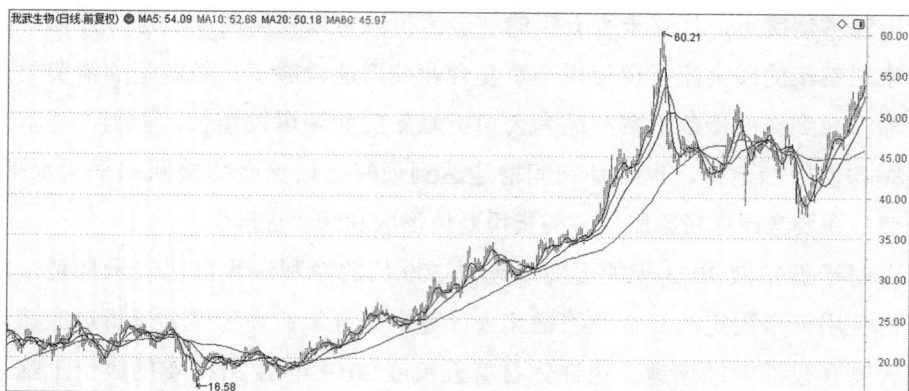

图 4-10　我武生物 2019 年股价走势（日 K 线）

由于我武生物盈利能力较强，是处于持续利润收获期的公司，所以，你计算它的未来价值可以使用净利润来进行测算，计算公式如下：

$$未来价值增长 = 净利润 \times (1+S)^t$$

其中，S 代表预期未来利润增速，t 代表未来时间周期（年），那么，未来一年我武生物的未来价值增长 $=2.98\times(1+0.2)=3.58$ 亿元。

股票市值 = 股价 × 总股本，2020 年 3 月 30 日我武生物收盘价 41.7 元，那么，此时计算这只股票的总市值 $=41.7\times52\,358.4\times10\,000=218.33$ 亿元。

我武生物当前真实价值 14.28 亿元与未来一年价值增长 3.58 亿元共计 17.86 亿元，假设它的合理市盈率倍数是 10，那么，$17.86\times10=178.6$ 亿元，这个数字与它的市值 218.33 亿元相差了 39.73 亿元，多出的 39.73 亿元，可以认为是市场给出的估值溢价吗？我觉得这要看怎么定义估值溢价了，如果认为估值溢价包含了未来几年的价值增长，那么，这里把 39.73 亿元看作估值溢价是合理的。但是价值派通常认为好股票上涨的周期中通常会提前透支股票未来好几年的价值增长，而这里只计算了它未来一年的价值增长，同时给予十倍的市盈率倍数，自然会出现如此巨大的估值溢价了。

如果计算我武生物未来五年的价值增长，假设它能够始终保持 20% 的利润增速，那么未来五年后它的价值增长是（14.28+2.98×1.2×1.2×1.2×1.2×1.2）×10=216.95 亿元，这时会发现 216.95 亿元与市值 218.33 亿元就相差不多了，这时它的估值溢价 =218.33−216.95=1.38 亿元。

也就意味着，如果 2020 年 3 月 30 日我武生物的股价是合理的，那么它实际上是预支了未来五年价值的十倍后，还有 1.38 亿元的估值溢价。此时，它的股价已经明显高于它的实际合理价值了吗？它的股价没法上涨了吗？它已经没有多少投资价值了吗？这些问题其实不是这个公式能回答的，因为这个公式本身没有准确答案，比如把相对合理市盈率倍数设定为 15 或 20，会发现此时它的市值小于它未来五年后的估值，是不是意味着它明显还有投资价值呢？

以上是对我武生物 2020 年 3 月底的市值分析，不是让你根据这个公式来判断股价是高估还是低估，未来它还有没有投资价值。这里只是阐述一个对股票市值与价值进行拆分的思路，通过这样的拆分，会大致明白股价透支了未来价值的多少倍，至于是否合理以及股价未来涨跌走势，不是单凭这样一个计算数据就能做定的，还需要考虑市场当时所处的环境、行业和公司未来发展前景的确定性，后面的章节中会解释如何做出合理判断。

4.4　股票未来的市盈率

可能很多普通投资者会觉得绝对估值法十分难以理解或者使用起来有些烦琐，对于未来业绩复合增速和折现率的预估也感觉是模棱两可，而这两个关键参数的设定对于未来现金流折现值的计算结果影响很大，所以，即使理解了绝对估值法的投资者也会在实际应用时感到无所适从。大家还是对直观简洁的市盈率估值法更加喜爱，毕竟趋易避难是人的本能。

前面介绍相对估值法时已经表达过了一个观点：市盈率只是一个工具，如何评判和使用它取决于从什么视角去理解它。市盈率用市场对股票的定价与公司当年盈利水平的比值代表投资者对股票未来增长的预期，如果投资者都是理智的而且市场总是有效的，那么，这个目标是可以实现的，只不过市场中很多投资者存在认知偏差，加上普通投资者存在信息不对称和专业能力欠缺的因素，最终导致市场很多时候是无效的。价值投资者使用绝对估值法而轻视市盈率估值法就是因为普通的市盈率倍数具有一系列的缺陷，市盈率考察的时间周期太短及股价短期受市场情绪影响较大，这两个因素导致市盈率不能准确反映股票未来的内在价值，也不能指示未来投资收益率。

那么，市盈率真不能反映股票未来的价值吗？不能作为买卖参考方向标吗？

从股票未来价值的本质出发理解市盈率与股票价值之间的矛盾，如果对市盈率进行重构，那么，市盈率是可以很方便地为投资者提供买卖指引。

前面讲解过股票价值包含确定性和未来成长性，公式如下，不过只是进行定性分析。

股票未来的价值＝股票当前真实价值 × 确定性 × 未来成长性

如果把股票的确定性和未来成长性进行量化，股票的内在价值大小以一个市盈率基数进行分档定级，那么，股票未来的价值就可以用未来的市盈率进行量化了，也就实现了用未来的市盈率评估公司的未来价值。股票当前表现出的确定性是未来成长性的基础，没有确定性的公司通常不可能具备稳定的未来成长性，所以，一个行业未来前景再好，如果公司没有相应的竞争力参与，那么，美好的未来与这家公司也没有关系。这个关于股票未来价值的计算公式是在揭示股票未来投资价值的核心元素对股票的影响，如果确定性为 0，那么，股票未来价值就是 0；如果公司过去表现很优秀，而行业或公司未来成长性为 0，那么，它过去再辉煌也仅仅代表过去，它未来的投资价值还是 0。

股票未来市盈率（PEF）＝$PE_0 \times \alpha \times (1+S)^t$

其中，PE_0 代表与股票当前展现的竞争力相匹配的市盈率基数，α 代表公司未来发展的确定性系数，S 代表未来价值复合增速（未来成长性），t 代表未来时间周期（年）。

因此，计算股票未来市盈率的逻辑是把公司的当前价值用一个市盈率基数进行量化，市场对股票的定价只是透支公司未来几年的价值增长，即如果一家公司的经营是连续稳定的，那么它的市盈率基数也是持续稳定的一个相对固定值，市场只是在这个基数上预支股票未来的价值增长从而导致市盈率波动变化。如果一家公司经营不稳定，则需动态调整公司的市盈率基数和确

定性系数 α 以匹配它的内在价值。

综合竞争力越强的公司，当前所展现的价值越大，未来价值就越大，我觉得在负债率合理的前提下能够综合反映股票当前综合价值的财务指标是净资产收益率（ROE），所以，市盈率基数使用 ROE 进行量化确定，把公司过去几年平均 ROE 值分成（0，8）、[8，15）、[15，25）、[25，∞）这四个区间，设定这四个区间分别对应的市盈率基数 PE_0 为 10、15、20、30，见表 4-2。

表 4-2　市盈率基数与 ROE 的对应关系

市盈率基数 PE_0 与 ROE 对应表			
ROE	$0 < ROE < 8$	$8 \leqslant ROE < 15$	$15 \leqslant ROE < 25$	$25 \leqslant ROE < \infty$
PE_0	10	15	20	30

注意，这里的 ROE 是指公司负债率合理且以扣非净利润计算得出的净资产收益率。那些扩张发展期营收稳定增长而净利润微薄的公司不适合使用市盈率进行价值评估。

确定性系数 α 取决于公司展现的可预见性和可实现性，它侧重于定性分析，所以，这个参数的设定具有较大的主观性，把 α 的取值范围设定为 [0，1] 这个区间，那些当前表现出极强竞争力且未来发展前景十分确定的公司设定 $\alpha=1$，那些当前表现极弱且未来注定要衰退的公司设定 $\alpha=0$。当然，这个 α 的取值是站在当下看未来三年或五年的发展脉络，太过长远的未来难以预测。

在确定公司未来价值复合增速（S）时要尽量保守一点，设定太高的未来增速会导致价值评估过高。同时要注意偏高的 ROE 通常无法长期维持，所以对于高 ROE 的股票要适当调低未来增长预期。也可以采用计算 DCF 时采用的两段法或三段法来弥补单一复合增速计算造成的估值偏差过大缺陷。

在一个公司未来发展基本面没有问题的情况下，股价下跌导致 $PE_0 < PE$（动）$< PEF_1$ 甚至 PE（动）$< PE_0$ 时，股票就具备了明显的投资价值。你也可以使用 PE-TTM 代替 PE（动）作为参照目标。

下面以丽珠集团为例说明股票未来市盈率（PEF）的使用方法，相关财务数据见表 4-3。

表 4-3　丽珠集团 2015 年至 2020 财务数据统计表

时间（年）	2015	2016	2017	2018	2019	2020
ROE（%）	15.51	15.48	51.17	10.15	12.02	14.86
扣非净利润（亿元）	5.38	6.82	8.2	9.47	11.92	14.32
利润同比增速（%）	16.27	26.77	20.16	15.51	25.79	20.14

　　首先对丽珠集团进行价值分析可以得知，该公司在药品制造领域竞争力较强，盈利能力也很出色，营业毛利率平均超过 60%，营业净利率平均超过 15%，因此，认为丽珠集团未来发展的基本面是很坚实的，它的未来发展系数确定性系数 $\alpha=1$。

　　其次分析公司过去几年的平均 ROE，丽珠集团 2016 年至 2020 年平均 ROE 为 14%，丽珠集团过去五年扣非净利润增速平均达到 20% 左右，取保守一点的未来业绩增速为 15%，那么，可以得出丽珠集团的市盈率基数为 15，未来一年市盈率 $=15\times1\times（1+15\%）=17.25$，也就意味着丽珠集团股价下跌导致 PE（动）到达 17.25 附近或低于 17.25 时，则具备了明显的投资价值。当然，不意味着它市盈率到达 17.25 附近就可以随便买入，市场恐慌时推动公司动态市盈率大幅低于 17.25 也是很正常的情况，投资者具体什么时候买入还要根据市场情绪进行综合分析判断，这是后面筹码分析部分需要解决的问题。

　　需要说明一点：根据历史业绩表现评价 ROE 并确定股票市盈率基数具有滞后性，因此，该用法的前提是确定公司未来依然能够保持较好的发展势头。那些，过去几年业绩比较差而现在迎来了景气周期时使用该方法会大幅低估公司未来的价值，所以，该方法跟传统的绝对估值法一样更适合那些稳定的公司。而价值投资者通常喜欢购买那些比较稳定的刚需消费型公司，因为这样的公司发展基本面足够稳定且未来发展周期足够长，也就可以直观地计算出未来价值大概是多少，从而制定买卖策略。

　　其实，未来市盈率（PEF）原理与绝对估值法中未来价值倍数的估值原理是一样的，都是寻找一个可以信赖的估值基础用来锚定公司的价值，以这个价值基础作为评判股价与股票内在价值之间的差距。可能你会感到疑惑：丽珠集团未来一年的市盈率为什么只有 17.25？岂不是股价一年只能上涨 15%？其实这个 15% 是公司价值增长的预估空间，而股价里通常都包含有估值泡沫，股价上涨有时会透支未来几年的价值增长，也就意味着大家在股市赚的钱多数是在赚估值泡沫的钱。如果股价中没有估值泡沫，那么，股票投资的收益率是与公司业绩增速差不多而已。由此，也可以知道为什么业绩高增长的股票备受市场青睐，医为它们有更大的估值泡沫想象空间，股价也就可以"飞起来"。

因此，可以得出一个关于市盈率的公式：PE（动）=PEF+ 估值溢价。

使用未来市盈率（PEF）公式，还可以测算股价大幅上涨大概透支了公司未来几年的业绩增长空间，这时你心里会有一个大概的估值泡沫评价。

下面以爱尔眼科为例说明如何使用 PEF 来分析股价透支了未来多少年的业绩增长，爱尔眼科的股价从 2019 年初的 8 元左右上涨到 2020 年 9 月初的 32 元左右，如图 4-11 所示。

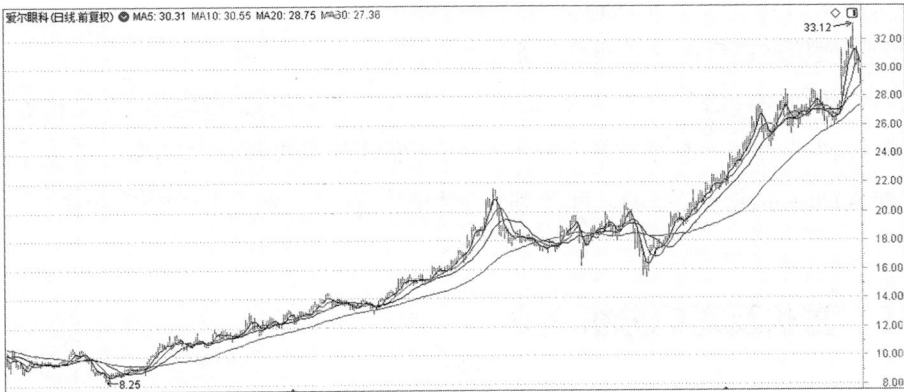

图 4-11　爱尔眼科 2019 年至 2020 年股价走势（日 K 线）

首先分析出爱尔眼科 2019 年的 PE_0，统计爱尔眼科相关的财务数据见表 4-4。

表 4-4　爱尔眼科 2015 年至 2019 年 ROE 数据统计表

时间（年）	2015	2016	2017	2018	2019
ROE（%）	19.64	21.15	21.74	18.55	22.51
扣非净利润（亿）	4.59	5.47	7.76	10.79	14.29
净利润同比增速（%）	45.58	19	41.87	39.12	34.42

爱尔眼科是眼科治疗领域的绝对龙头，未来的发展十分确定，设定它的未来发展确定性系数 $\alpha=1$，2015 年至 2019 年平均 ROE=20，那么，它的市盈率基数 $PE_0=20$，假设它未来依然能够保持 30% 的利润增速、2020 年 9 月它的 PE-TTM=97、此时它的 PE-TTM 代表未来几年后的 PEF，那么，根据 PEF 的计算公式，在知道它的市盈率基数 PE_0、未来确定性系数 α 和未来业绩增速 S 的情况下，使用 PEF 计算公式进行开方计算就能大致得出结论：爱尔眼科在 2020 年 9 月股价约为 32 元时大概透支了未来六年的价值增长。

需要说明的是，得出这个结论的前提是设定的市盈率基数和未来业绩增速是合理的，不同的人设定不同的参数会得出不同的结论。不过这些并不重要，重要的是能大概知道当前股票市值与合理价值之间的差距大概有多少倍，这样心里就有了一个可参考的估值评价基础。这个结论同样也不能直接告诉你爱尔眼科此时是否还具备投资价值，此时是否还可以买入或需要卖出，详细的买卖策略在后续的筹码分析章节里说明。

在投资中，应该时刻关注支撑股价上涨的基础到底在哪里，不要被股价大涨迷惑了心智，忘记常识是很危险的。那些投资大师总结的投资智慧是需要深刻理解并铭记于心的，即"别人贪婪时我恐惧，别人恐惧时我贪婪"。

4.5　量价及筹码分析简介

估值分析只能大概确定一个模糊的合理买入和卖出区间，由于市场情绪波动性导致股价下跌后不一定会在合理估值区间企稳，股价上涨也不一定超出合理估值区间就见顶。至于怎样确定最佳的买入和卖出时机，不同的人有不同的方法，但是不同方法针对的目标是一致的，那就是市场投资者的情绪和多空力量的博弈及转换。技术分析派使用各种技术指标是为了量化市场情绪并发现多空博弈的规律，从中找到一些直观可靠的买卖参考信号。很多投资者也曾迷恋布林线、波浪理论、缠论等技术分析，不过，在他们明白股价与股票真实价值的内在联系后，那些对 K 线进行复杂数学计算得出的技术指标已经无法让我们找到坚实的买卖依据。

因为 K 线的复杂组合会导致技术指标出现各种让人困惑的信号，而且，那些根据价格进行计算得出的技术指标通常都有滞后性。从股票的本源出发，股票代表的是一种权证，投资者买卖股票是在买卖一种可以获取未来投资收益的权证，投资者选择买入或卖出筹码意味着他看好或看空这只股票未来的投资收益。

股票软件中有筹码分布技术指标，显示的是股票投资者对于股票未来投资收益的选择态度（每时每刻），成交量反映的是投资者交易的活跃度（当天），筹码的变化与成交量的变化是同步的，股票价格则是根据一定规则计算出反映当前市场对于股票的定价。因此，价格、成交量和筹码变化是最接近股票交易本源的技术指标。K 线和成交量这两个技术指标在证券行业出现的时间比较早，一只股票在不同时期不同位置的 K 线和成交量变化代表着不同的含义，关于成交量、K 线、MA 均线分析的书籍有很多，这里就不再赘述了。

1. 筹码指标的特征和使用方法

在股市脉动一节中已经阐述过股价波动规律和聪明资金的买卖策略，聪明资金总是在股票估值合理或低估时买入，在估值过高时卖出，股市中多空博弈的力量是导致股价波动的根源，随着这些力量的参与，K 线、成交量和筹码分布产生了一些有规律可循的信号。下面用一个案例简单介绍一下筹码指标的特征和使用方法，图 4-12 为股票软件界面图，在软件界面的右下角，可以看到"笔""价""筹"等选项，点击"筹"可以看到筹码分布技术指标。

在筹码指标界面的右上角，可以看到有四个图标，前面三个筹码图标分别代表三种不同的筹码分布统计方法，最后一个图标是筹码统计参数调整选项，通常不需要调整系统参数。图 4-12 显示的是第二种筹码分布图，在筹码指标区域的中间位置，我们可以看到多种颜色的柱状图与股价对应，在筹码指标区域的下方可以看到对于各种颜色所代表的筹码分布的说明。比如黑色柱状图代表五个交易日以内的筹码分布区域，红色代表五个交易日期之前的筹码分布区域和所占比例，粉红色代表十个交易日之前的筹码分布区域和所占比例，每种颜色的筹码分布位置和所占比例在图中一目了然。

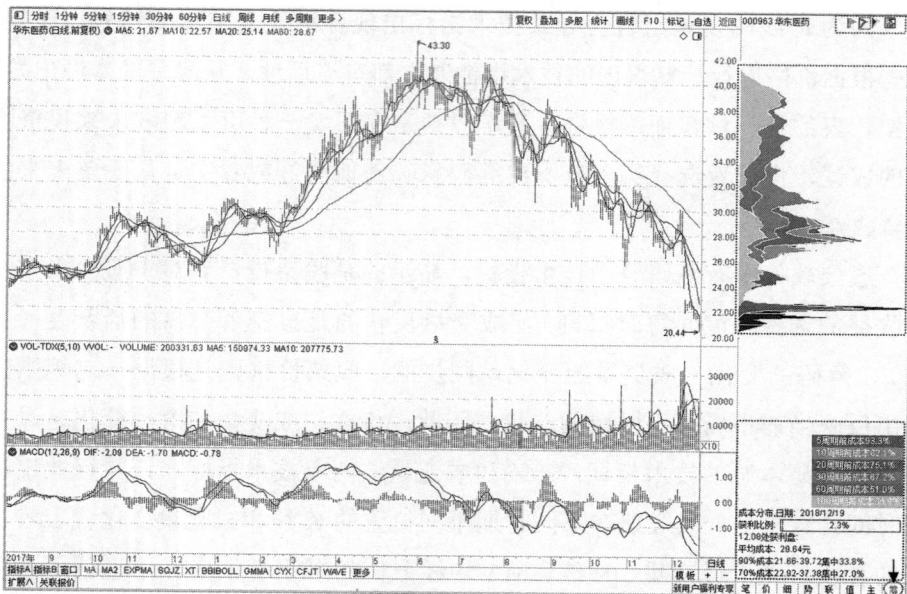

图 4-12　筹码指标使用说明一

　　需要说明的是，这种筹码分布图里的 5 周期前筹码分布必然包含了 10、20、30、60、100 周期前的筹码分布，10 周期前筹码分布必然包含了 20、30、60、100 周期前的筹码分布，以此类推，这个逻辑关系要明白。把鼠标放在 K 线区域移动，筹码分布图会跟随变化以显示实时的筹码分布特征。

　　图 4-13 为同一股票同一时间段的筹码分布图，只不过这里显示的是第一种筹码分布特征。第一种筹码分布指示的是对应价格的筹码分布总量，当鼠标在 K 线区域移动时，对应的筹码分布也会跟随变化，在筹码指标区域下方同时会看到获利比例、筹码集中度等简要说明。第一种筹码分布指标与第二种筹码分布指标本质上没有太大区别，只不过第二种指标更容易看到不同历史时期筹码的分布比例和所处的价位。至于用哪一种比较合适，我觉得在考虑长波段投资慢牛股的情况下不需要纠结用哪一种筹码比较合适，不过，第二种筹码分布特征对于那些筹码变化频繁的股票而言很有使用价值。

　　坚定看多的资金在低价买入大量筹码必然要在更高的价格卖出筹码才能获利，这是筹码分析的理论依据。分析筹码分布是找到那些可以作为交易决策参考的明确市场信号，进而帮助投资者选择最佳的买卖时机并作出正确的买卖决策。

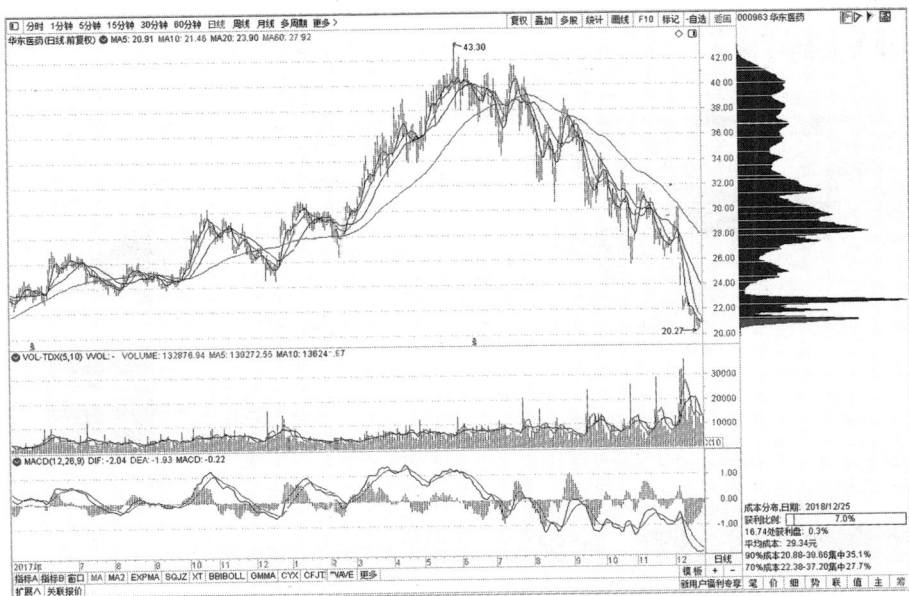

图 4-13　筹码指标使用说明二

需要说明的是，筹码指标只能在日线及日线以下时间周期 K 线图中使用，大于日线的时间周期则不能使用，这是由筹码指标程序设计决定的，加之那些综合指数看筹码分布是无意义的，如果胡乱使用筹码指标会造成误导。而且分析筹码前必须确认这只股票的未来是有价值而且有某种看涨逻辑支撑的，未来没有价值的股票看筹码反而会误导投资者，价值才是股票投资的基础，技术分析只是辅助手段，不要本末倒置。

接下来带领大家从全局了解筹码分布在股票涨跌时的变化过程，以三七互娱为例。

图 4-14 为三七互娱 2017 年 6 月至 2018 年 8 月的 K 线图，筹码指标显示的是 2018 年 8 月 27 日的筹码分布图，可以看到在股价持续一年的下跌之后，筹码分布显得相当分散，从 24 元左右到 8 元左右的区域散落着大大小小的筹码峰。这样的筹码分布表明有相当数量的筹码被套牢，在下跌中继盘整区，尤其是 16 元到 20 元的盘整和 11 元到 14 元的两次盘整区间筹码聚集最多。这样的筹码分布通常预示着股价在短期很难出现明显的大涨行情，从目前来

看，下跌趋势没有终止的迹象，因为行情稍微有一点反弹就会迎来上方套牢筹码出逃的大量卖盘，在卖方力量强而买方力量弱的情况下，股价很难出现持续大涨的行情。

图 4-14　三七互娱 2018 年 8 月筹码分布说明

当遇到这样的筹码分布特征时，资金量小的投资者最好选择观望，如果这只股票未来有投资价值，只需等待股价走势企稳和上方套牢筹码慢慢消失后再考虑介入。小资金投资者此时贸然抄底通常会承担比较大的被套风险，而一旦被套就会影响投资心态，在慌乱焦虑的情况下投资者往往进行错误的买卖操作导致不必要的亏损。

在股价下跌时筹码不断向低位移动的过程中，可以看到每次筹码大量转移时都会伴随成交量的明显放大，或者成交量小幅度放大持续阴跌，筹码移动和成交量变化永远是相伴的。

图 4-15 为三七互娱 2017 年 11 月至 2018 年 11 月的 K 线图，筹码指标显示的是 2018 年 11 月 1 日的筹码分布，对比 2018 年 8 月的筹码分布，可以发现股价经历过 8 月到 11 月的震荡盘整后，曾经聚集在 16 元至 24 元和 11 元至 14 元的被套筹码明显减少了，大量的筹码分布在 8 元到 10 元的价格区间内。股价的下跌趋势此时也显示出将要终结的迹象，股价下降的趋势角度明显变小，这里是不是最终的底部呢？目前还不能完全确定。

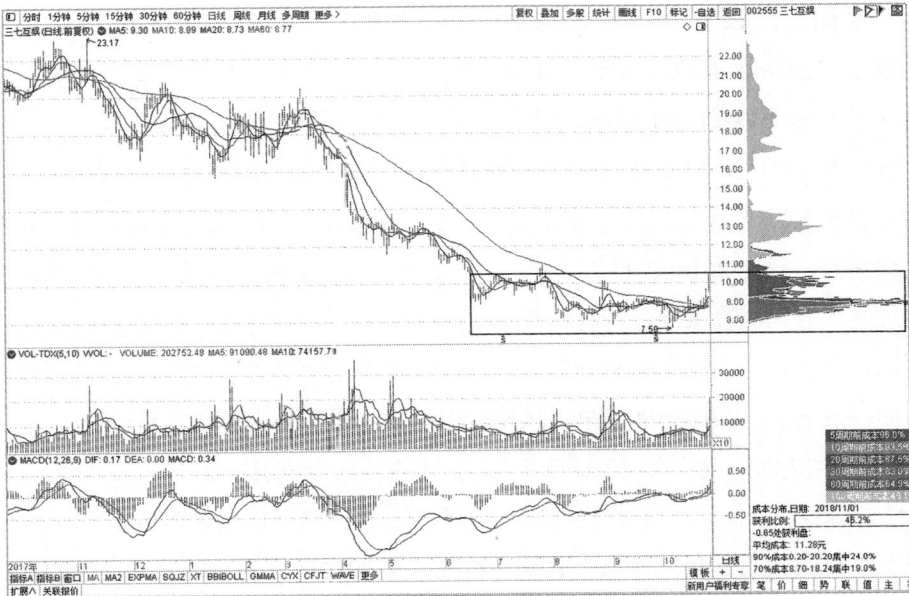

图 4-15　三七互娱 2018 年 11 月筹码分布

图 4-16 为三七互娱 2017 年 11 月至 2019 年 1 月的股价走势，筹码指标显示的是 2019 年 1 月 31 日的筹码分布。

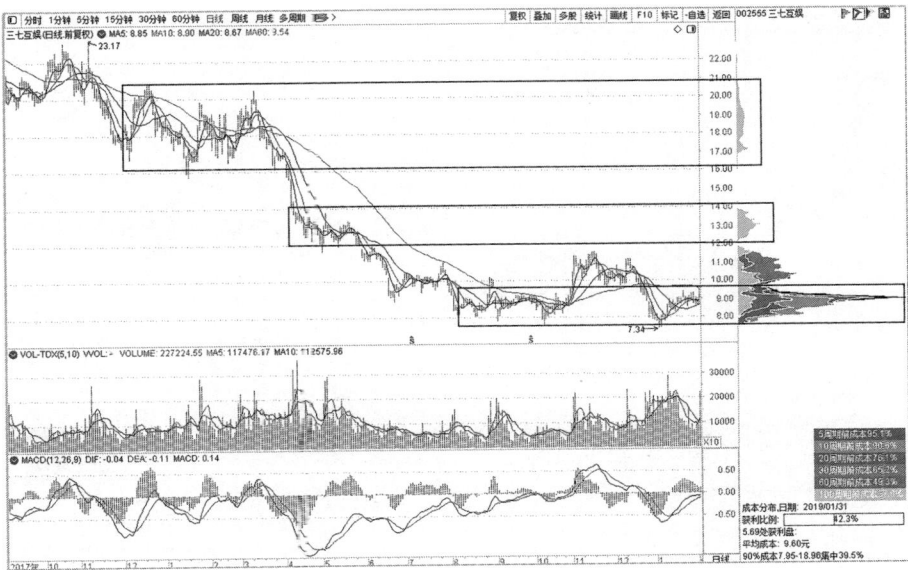

图 4-16　三七互娱 2017 年 11 月至 2019 年 1 月股价和筹码变化

对比上一张 K 线图和筹码分布可以看到，三七互娱 2018 年 11 月股价出现了一波快速上涨，股价从 8 元快速上涨到 11.5 元后震荡盘整，接着又从 11.5 元慢慢下跌到 8 元附近，经历过这样一轮急涨、盘整和阴跌后，可以看到曾经在 18 元和 13 元附近的被套筹码大幅度减少了，2019 年 1 月股价在 9 元附近盘整时，大部分的筹码聚集在 8 元到 10 元的区间内，而且股价再没有明显创新低。对比 2018 年 11 月和 2019 年 1 月的筹码分布，会发现在 9 元附近出现过两次筹码高度聚集的情况，预示着多头资金在 9 元附近是坚定看多的态度，可以预见股价很有可能就此企稳。至于何时股价开始上涨趋势，需要看后续行情如何发展了，虽然不能过早下结论，但可以对它的未来走势看高一些。

图 4-17 为三七互娱 2019 年 7 月 31 日的筹码分布图，2019 年 2 月 1 日到 3 月 12 日，三七互娱出现了一波大幅度的上涨行情，股价快速从 9 元上涨到 15 元，然后股价回落震荡盘整直到 7 月底。从 2019 年 2 月到 7 月的上涨和盘整行情中，会看到随着股价的大幅度上涨，曾经大量聚集在 9 元附近的筹码在盘整行情中大量消失，到 7 月底绝大部分的筹码聚集在了 11 元到 13 元的价格区间内。这时，对于后续股价是延续上涨趋势还是开启下跌行情变得难以捉摸，仅仅从筹码分布没法得出准确答案，需要结合当时市场的大环境进行研判。

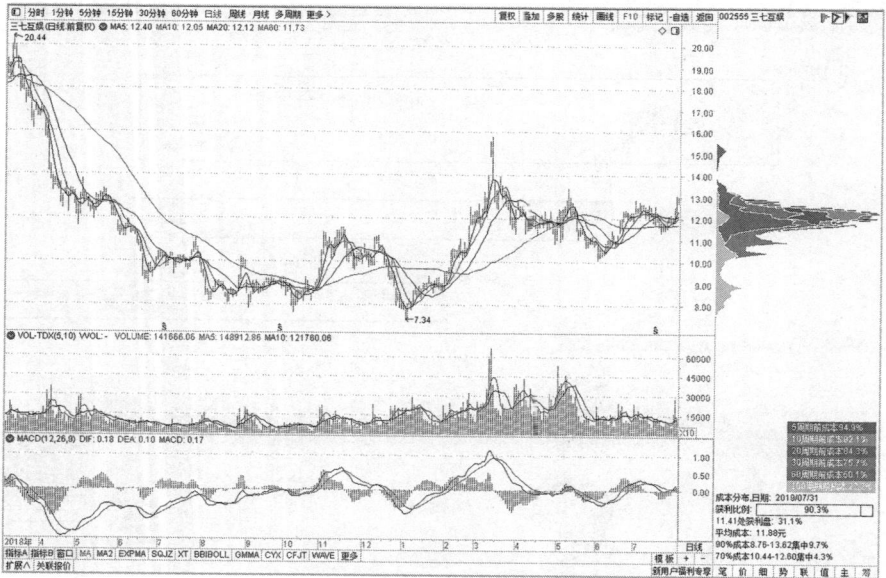

图 4-17　三七互娱 2019 年 7 月筹码分布

在经历 2018 年的"困难"时期后，2019 年初多数行业龙头股率先开始了业绩回暖，经济政策也在持续支撑经济回暖，所以，股市在经历 2018 年深度下跌后迎来了反转，以沪深 300 为代表的蓝筹股普遍走出了稳定的慢牛行情。在这样的市场优质股普遍走牛背景下，虽然三七互娱从低位上涨了 70%，但是相比蓝筹牛股的涨幅而言明显偏小，而且筹码在上涨盘整后出现了筹码聚集在较小价格区间的情况。这样的筹码特征与股价见顶后的筹码发散特征有明显差异。结合股市背景分析和筹码特征分析，能大致判断出三七互娱未来的股价波动趋势了。

细心观察成交量指标会发现，在盘整后期筹码聚集过程中它的成交量是处于持续萎缩状态的。成交量萎缩代表成交不活跃，而筹码又是聚集的，说明在盘整后筹码集中在了坚定看多未来上涨行情的投资者手中。当然，多头资金获取筹码的方式和筹码分布特征不是固定的，图 4-17 这种形态是比较典型的多头大资金在建仓时期的筹码分布特征，其他类型后面我会单独为大家讲解。

如图 4-18 所示，在 2019 年 7 月底，三七互娱的筹码绝大部分都集中在 12.5 元附近。这种筹码分布通常是一只潜力股在大涨行情启动前的特征，即股价在低位盘整后，筹码高度集中在一个比较窄的价格区间内，这表示有坚定看多的大资金在一个价格区间内大量收集筹码。在筹码由发散到集中的过程中，会看到成交量在盘整前期会有一定程度的增加，同时，股价在低位盘

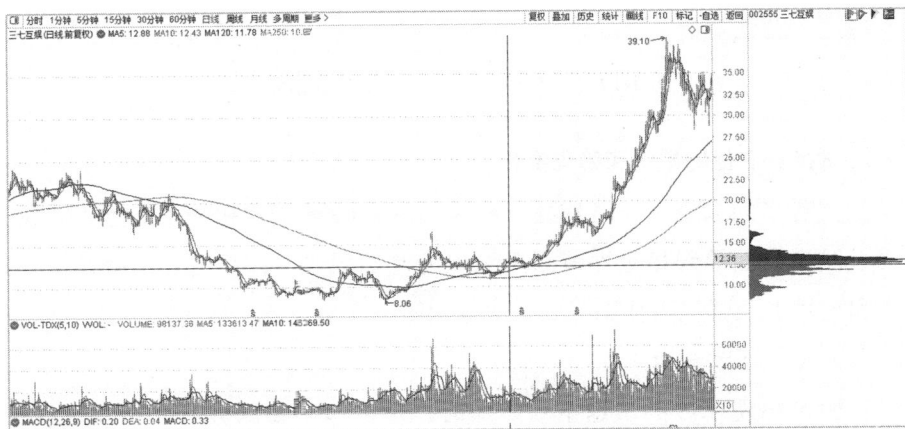

图 4-18　三七互娱 2019 年 7 月筹码高度集中

整过程中呈现上涨时放量，而下跌后快速缩量。当筹码快速集中后，成交量会维持一段时间的缩量状态，这个缩量维持的时间可长可短。请记住，大牛股在上涨之前的价格、成交量和筹码分布特征，这有助于在未来的股市交易中快速发现并抓住牛股。

图 4-19 为三七互娱 2019 年 12 月 20 日的筹码分布，当上涨行情启动时，我们通常会看到放量大涨后股价不断创新高，而当初聚集在低位的大量筹码会维持一定程度的稳定状态——尽管核心稳定的筹码峰所占的比例可能会减少，但它仍然会维持原来的形状和位置不变。

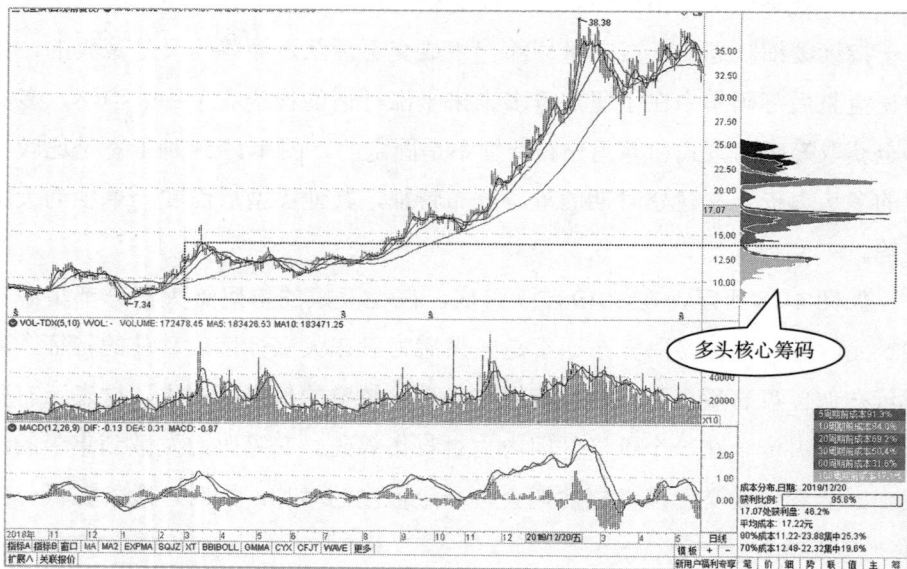

图 4-19　三七互娱 2019 年 12 月筹码分布

2. 试盘、洗盘的量价和筹码变化

坚定看多的大资金在完成建仓吸筹后通常会有试盘和洗盘的过程，试盘是为了测试盘面筹码稳定性或跟风买入力量的强弱，试盘的手法有破位下跌试盘和短暂上涨试盘两种类型，下面分别简单介绍一下。

（1）破位下跌试盘

在股价出现明显的快速下跌走势时，价格似乎要跌破筹码密集的区域，结合市场整体的下跌环境，这种情形显现出一种即将开始大幅下跌行情的盘面氛围。坚定看多的大资金通过明显的短期看跌 K 线形态来观察盘面的反应，如果这只股票里的多数投资者坚定看多就不会出现大幅放量下跌的情况；如果这只股票里的投资者对股票未来没有十足的信心，通常会在出现短期的下跌形态时集中踩踏式地抛售股票以回避风险进而导致股价快速放量下跌。坚定看涨未来的多头大资金自然希望在这只股票里的投资者都是意志坚定的多头。这样在后续的上涨行情中就不会出现过多的抛售情况从而为将来持续的上升趋势奠定坚实的基础。

通过破位下跌试盘，一方面观察盘面筹码的稳定性，另一方面使得那些意志不坚定的投资者离开，这样就可以最大程度凝聚多头力量，未来的股价上涨行情才会更加顺畅、行稳致远。注意，这里跌破的"位"，是指大家熟悉的股价前期盘整区间或前期低点价位，但大多数情况下是指筹码密集的区间下侧。图 4-20 为潍柴动力 2019 年 1 月初破位下跌试盘的特征说明。

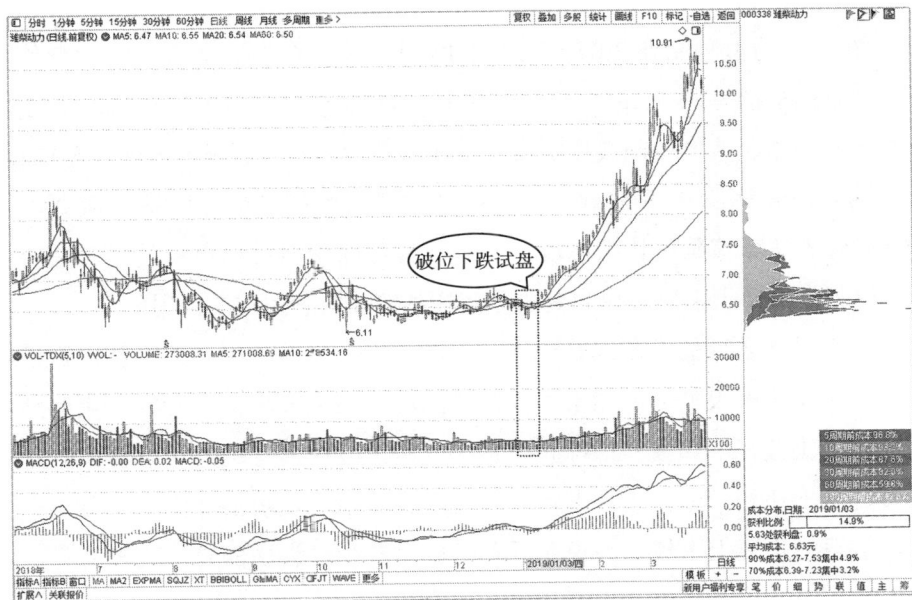

图 4-20 破位下跌试盘特征说明

该股票的筹码在 2018 年 12 月中旬已处于高度集中的状态，在 2019 年 1 月 2 日，股价出现了两根明显的下跌阴线，股价快速跌破前期震荡整理的区间，看起来让人感觉股价要开启一轮下跌走势。可是这两根阴线没有伴随明显的成交量放大，筹码依然十分稳定。接着在 1 月 4 日出现了低开高走的大阳线和次日的高开十字星，两根强势 K 线很快收回了股价下跌的态势。经过这样的一次压力测试，多头资金可以判断筹码目前非常稳定，没有多少看空的资金，此时多头力量占据了绝对优势，股价未来上涨的基础非常牢固。

破位下跌试盘时多头核心筹码是稳定的且成交量不会明显放大，股价下跌后会快速反弹。如果股价下跌后迟迟不反弹，反而是不断走出新低并伴随筹码分布发生明显变化，则说明多头还没有完成筹码聚集的过程或前面判断多头建仓的思路可能有问题。

（2）短暂上涨试盘

它是通过股价短暂放量上涨一定幅度后，观察这只股票里的筹码稳定性及市场投资者跟风追涨这只股票的热情。短暂上涨试盘要么是带有长上影线的小阳线，要么是带有短上影线的大阳线，成交量会略有放大，这样的放量上涨在市场中极具辨识度。

图 4-21 为恒顺醋业 2018 年 12 月 13 日多头资金短暂上涨试盘的量价特征，恒顺醋业的筹码在 2018 年 12 月初已呈现为高度集中的状态，12 月 13 日一根带有长上影线的中阳线伴随成交量明显放大的特征，随后开始缩量回调。通过这样一次短暂上涨试盘，坚定看涨的多头资金能够知晓这只股票上方 8 元附近的被套筹码是什么态度，同时，也可以看出市场追涨的意愿是否强烈，这样的放量上涨阳线也起到引起市场其他投资者关注的作用。

短暂上涨之后的上影线是试探信号的关键，分析上影线的特征，可以明白拉升试盘的效果如何。如果大幅短暂上涨后出现较长的上影线，说明高位抛售筹码比较多，导致的情况有三种：一是上方被套筹码急于解套；二是浮动筹码急于获利了结；三是大资金高位抛售做短线投机的原因。如果短暂上涨后出现的是短上影线，则说明浮动筹码比较少，盘面的筹码比较稳定，未来上涨基础十分坚实。

试盘后多头大资金会根据情况选择继续维持股价盘整或启动大涨行情，而且多头大资金会巧妙利用市场大环境去完成试盘动作，甚至有时是市场投资者自然的追涨杀跌行为帮助其完成试盘动作。

洗盘也有上涨洗盘和下跌洗盘两种类型，通常上涨洗盘比较常见，下跌

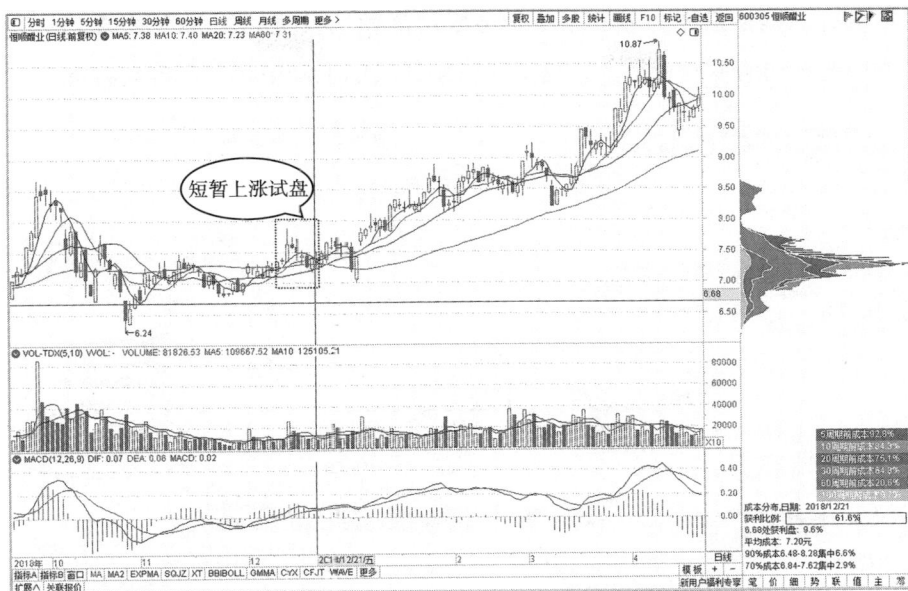

图 4-21　短暂上涨试盘特征说明

洗盘只是在少数妖股中会看到，暴力下跌洗盘通常是激进型游资使用的极端手段，而且多数用在小盘题材概念股。

上涨洗盘是指股价出现一波明显的上涨后开始横盘震荡或大幅震荡，在震荡行情中低位拿到筹码的一些看涨意志不坚定的投资者会卖出股票，同时其他看好未来上涨的投资者进场，从而完成中途筹码交换，提高跟风投机者的持股成本，这样就可以减少后续上涨的抛售压力。在上涨洗盘过程中可以看到上涨启动前的低位筹码会减少，一部分筹码会移动到中途盘整区。不同类型的股票和不同时期的市场环境会造就不同的洗盘行情特征，中途洗盘筹码变化也是多种多样的，洗盘时间可长可短，即使你对各种洗盘手法了如指掌也只能灵活应变，而且不要过多去猜测市场如何完成洗盘，按照事前制定的交易策略严格执行就好。

如图 4-22 所示，我们可以清楚地看到三七互娱 2019 年 10 月中途出现窄幅盘整洗盘走势后，当初上涨启动前位于 12.5 元附近的筹码依然保持稳定的形态，只是 12.5 元附近的筹码在洗盘后只占总体筹码的 1/3，这 1/3 的筹码是多头大资金的核心仓位，通常在上涨没有完成前多头的核心仓位不会变动。

当然也有一些控盘能力差的多头资金采用高抛低吸随动控盘的形式，那就会呈现快速变动的筹码特征了，这里先介绍经典的上涨中途洗盘筹码特征。

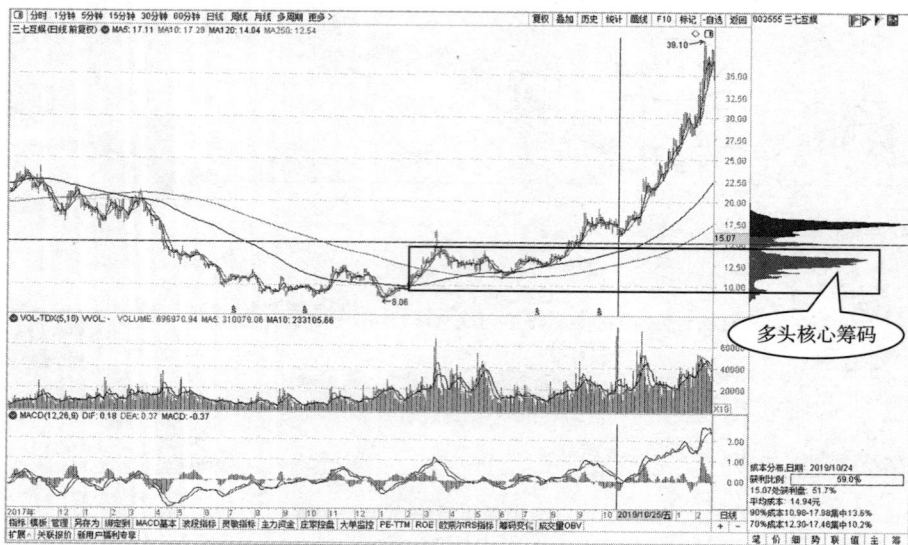

图 4-22　上涨中途洗盘特征说明

通过上涨中途洗盘让市场中的浮动筹码完成交换，让当初追涨的投机者在盘整时获利卖出筹码，让其他一些喜欢追涨的短线投资者在 17.5 元左右进场，这样就使得跟风者的持股成本大幅高于多头大资金的持股成本，这样在后续上涨过程中面临的浮动筹码抛售压力会大大减少，这有利于后续上涨行情的持久性。

这里讲解试盘、洗盘的一些量价和筹码变化特征的目的是让读者理解一些特殊时期的盘面信号意义，并不是想让读者按照这些特征去进行高抛低吸操作，因为试盘和洗盘没有固定的形式，过分自信去预判大资金的洗盘套路进行高抛低吸操作往往会造成"聪明反被聪明误"的结局，过分"聪明"导致的严重误判很容易出现盘整期卖出之后股价大涨又不敢去追而悔恨不已，等到再次盘整下跌时再冲进去买入却可能已经是上涨行情的末期盘整。如果你没有时间盯盘，通常不用过多在意那些试盘和洗盘行情，只要确认股票的上涨行情能够持续，不管什么样的试盘和洗盘都不应该轻易丢掉那些在低价发现并且买入的宝贵牛股筹码。

洗盘完成后，通常会看到股价放量大涨的行情，这样会吸引更多的投资者跟风买入，看涨力量不断加持从而推升股价持续大幅上涨。在市场达到疯狂的时候，低位获得大量筹码的多头大资金会逐步开始抛出筹码。

当多头开始卖出筹码时，会看到成交量明显放大、K 线总是带有上影线、K 线开始出现较多的阴线、成交量放大而股价却没有了上涨的力度等量价特征。大资金为了顺利抛出全部的筹码会使用各种策略引导股价在高位震荡运行一段时间，因此，会形成不同的顶部形态，比如常见的一些"头肩顶""矩形盘整""三角形盘整""楔形盘整""圆弧顶""多重顶"等 K 线组合形态。

如果你想通过 K 线形态去识别多头大量卖出导致股价见顶的特征其实比较困难，但是如果从筹码去分析大资金的动向就会清晰地发现多头大量卖出时的痕迹。大资金大量卖出筹码必然会导致上涨启动前的多头核心筹码开始快速减少，这通常是股价大幅上涨后的见顶预警信号。当曾经在股价低位坚如磐石的多头核心筹码几乎消失时，那就意味着一轮上涨行情很有可能到此结束了，接下来很可能开启漫长的下跌行情。当然，也有可能低位筹码消失后，在中途盘整后再次形成一个密集筹码峰然后开启新一轮的上涨行情。只不过投资股票是在押注大概率能稳定盈利的机会，在风险和预期收益之间如何取舍由投资者自己决定，不同的风格造就不同的投资策略。

聪明的资金低价买入筹码后再高价卖出筹码，这是聪明资金在股市中赚钱的思路，也是所有投资者应该遵循的规则。比如，苹果经销商从陕西以8 元 / 公斤的价格收购一车苹果，运输到上海以 12 元 / 公斤的价格卖出，那么，经销商就从中赚取了 50% 的毛利润，扣除运输等其他经营成本就是净利润。买卖股票其实跟卖苹果的道理是一样的，低价买入筹码后高价卖出筹码就能获利，聪明资金在股市做的就是这样简单的生意而已。

当然，不是所有股票都可以成功地完成这样稳赚的生意，必须挑选那些大家喜欢追着买的好股票。坏苹果肯定没有几个人愿意抢着买，聪明的大资金自然不会傻傻地去做赔本生意。聪明资金挑选的目标通常都可以构建一个让其他跟风者信服或期待的美好故事，无论故事最终结局是好还是坏，投资者投资的是未来的信心。

图 4-23 为三七互娱 2020 年 3 月的股价走势及筹码分布，可以看到在多

头大量卖出股票时期，曾经聚集在 12.5 元附近的多头核心筹码和 17.5 元附近洗盘时进场的跟风筹码在 2020 年 3 月股价涨到 39 元回落后大量转移到了高位盘整区域。3 月底 12.5 元和 17.5 元附近的筹码已经大幅减少，意味着曾经坚定看涨的多头资金和中途跟风投机者都选择在 32 元 ~35 元卖出筹码。曾经最坚定的多头变成了最大的空头，股价大幅上涨后成交量放大而股价却上涨乏力，首次回调到 30 元后再次上涨进攻前期高点 39 元过程中成交量明显开始萎缩，形成了顶部的量价背离特征（股价上涨而成交量不断萎缩）。股价大幅上涨后已经没有多少人愿意追高，聪明资金也在市场极度亢奋时顺利地抛出了大多数的筹码。

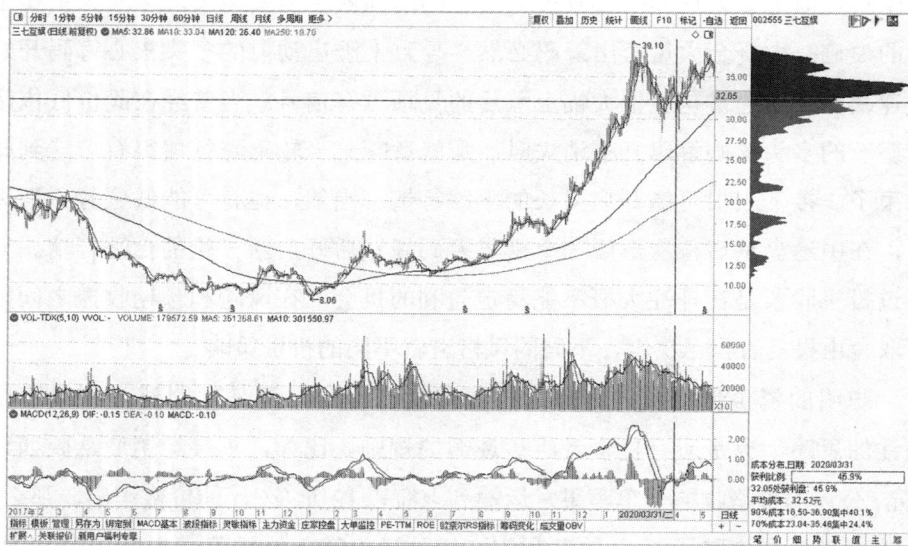

图 4-23　三七互娱 2020 年 3 月上涨末期筹码分布

通过以上对三七互娱从 2017 年下跌到 2018 年 12 月筑底再到 2019 年 1 月开启一轮牛市行情过程中，对股价、成交量和筹码分布变化的讲解，希望投资者能够清晰理解股价经历下跌趋势、震荡筑底、上涨趋势和震荡见顶的量价及筹码分析思路。如果投资者能够从全局上理解股价涨跌波动过程中的量价及筹码分析方法，那么，在以后的股票投资中，只需要套用类似的分析思路就可以从市场中发现大牛股、抓住大牛股，明白大牛股上涨起点和见顶时的盘面特征，明白如何看待股价涨跌过程中的震荡整理期盘面特征，从而制定自己的投资策略。

在理解股票未来价值分析和盘面成交量、价格、筹码分析的基础上，做到"会选股""会买入""会卖出"这三点，你的股票投资之路就算成功了一半。

4.6 股市的轮回

通过前面的量价和筹码分析讲解，读者应该对股市涨跌的脉络和各阶段特征有了大致的认识，那么，如何在上涨启动前发现未来的潜力股，是所有投资者最关心的问题。显然这是一个非常有难度的技术活儿，否则遍地都是高手了，也不会出现超过 90% 的投资者亏钱的尴尬局面了。

无论是价值分析还是技术分析，依据的理论基础都是"历史会重演"，可以耐心地去观察曾经那些牛股的成交量、K 线和筹码分布是如何重复演绎相似的故事，就能发现它的"根"，也就是股市的根本规律，然后，就会明白如何做好股票投资了。

大牛股通常不是凭空出现的，它的形成与发展必然是有蛛丝马迹可以探查的，需要从股价走牛的本源去寻找答案了，使用逆向思维链条推导法来解决这个问题。

问题：股价大涨的直接原因是什么？

答案：因为投资者都看好它的未来价值，这种看涨逻辑形成了市场一致的看涨预期，从而使投资者争相购买公司股票推动股价大幅上涨。

问题：哪些因素会导致投资者形成看涨逻辑？

答案：形成看涨逻辑的因素通常包括公司未来业绩大幅增长、未来竞争力大幅提升、未来发展前景增大、公司迎来困境反转、经济政策对公司有利、公司估值相对偏低等因素。

问题：看涨逻辑形成的根源是什么？

答案：看涨逻辑源来自投资者对实现财富稳定、大幅、快速增值的强烈渴望。

如果把以上看涨预期和逻辑形成的因素反过来就形成了看跌预期和逻辑，看涨和看跌逻辑驱动着股价涨跌的轮回演绎，所以，股价的波动就是人心脉动的客观体现，如图 4-24 所示。

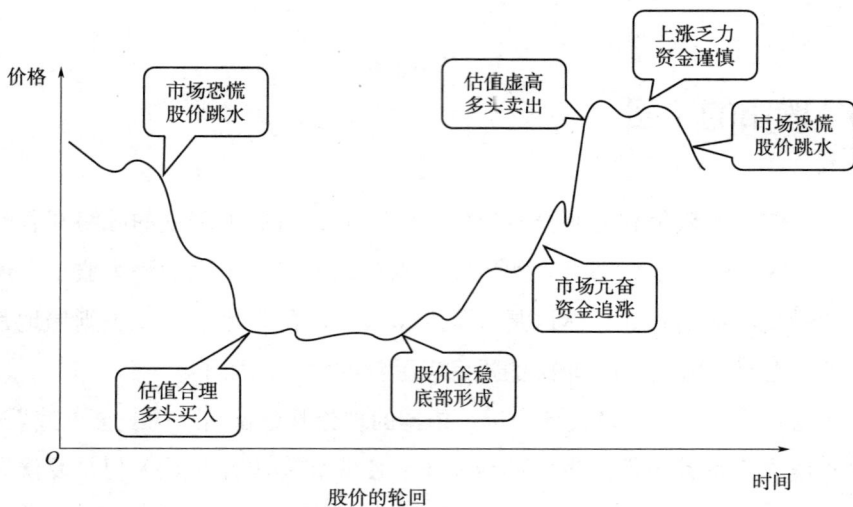

图 4-24　股价轮回波动的底层逻辑

股市中不同时期和不同类型股票的轮回周期各不相同，历史会重演但不会简单地重复，即使是堪称无敌的价值投资者也会遇到一系列的困惑，毕竟没有人能百分之百看清未来的发展脉络，未来总是充满不确定性的。

如果把股价长周期所展现出的上涨和下跌趋势看作是生与死的轮回，那么可以将股价下跌后在低位筹码聚拢筑底成功开始上涨定义为一个生轮的起点，股价大幅上涨后当初在低位聚集的筹码绝大部分转移到高位定义为一个生轮的终点。接着股价在高位经历盘整筹码大量分布在高位后开始下跌定义为死轮的起点，股价下跌后筹码大量移动到低位开始筑底定义为死轮的终点。那些股价涨跌后筹码大量转移的区域称为混沌期。

图 4-25 为游族网络 2019 年经历一轮下跌之后在 8 月至 11 月筑底过程中形成的底部混沌期。在底部混沌期，你会看到下跌之前被套的高位筹码慢慢向低位移动，在股价低位盘整过程中，筹码移动会十分活跃，经历低位的盘整后，曾经高位被套的筹码大部分移动到低位就意味着震荡整理快结束了，

股价接下来是上涨还是下跌就看市场中的投资者如何看待这只股票的未来投资价值了。

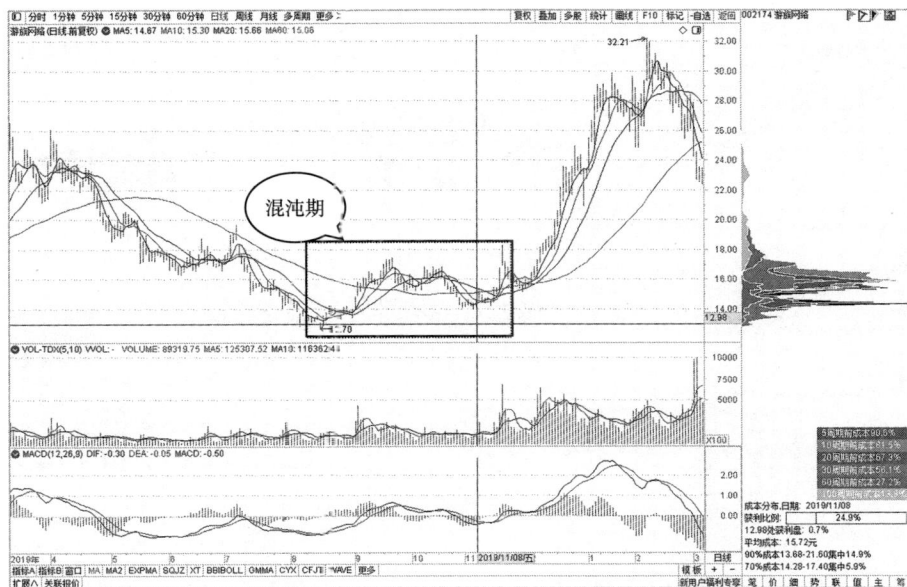

图 4-25　股价底部混沌期特征说明

混沌期的出现通常意味着多空力量的激烈博弈，混沌期的出现不一定代表股价趋势会立刻反转，在牛市的市场亢奋期也可能是一个上涨中继盘整过程，在熊市的市场谨慎期也可能只是一个下跌中继盘整过程。

不过在多数情况下经历过混沌期后容易出现趋势反转，尤其是在股价大涨导致出现明显的估值泡沫和股价经历长时间连续下跌导致估值严重偏低的时候。图 4-26 为游族网络 2019 年 12 月初筹码高度聚集状态后形成了一个生轮的起点。

这只股票在上涨过程中筹码稳定性较差，从 2019 年 12 月 4 日生轮起点开始的上涨看上去非常凌厉，其实基础很不牢固，所以，在股价涨幅到达 100% 后就进入了高位盘整期，这个生轮只持续了不到 3 个月时间，算是一个比较短的生轮。图 4-27 为游族网络 2020 年 2 月股价在高位盘整形成的顶部混沌期，筹码在高位比较分散。

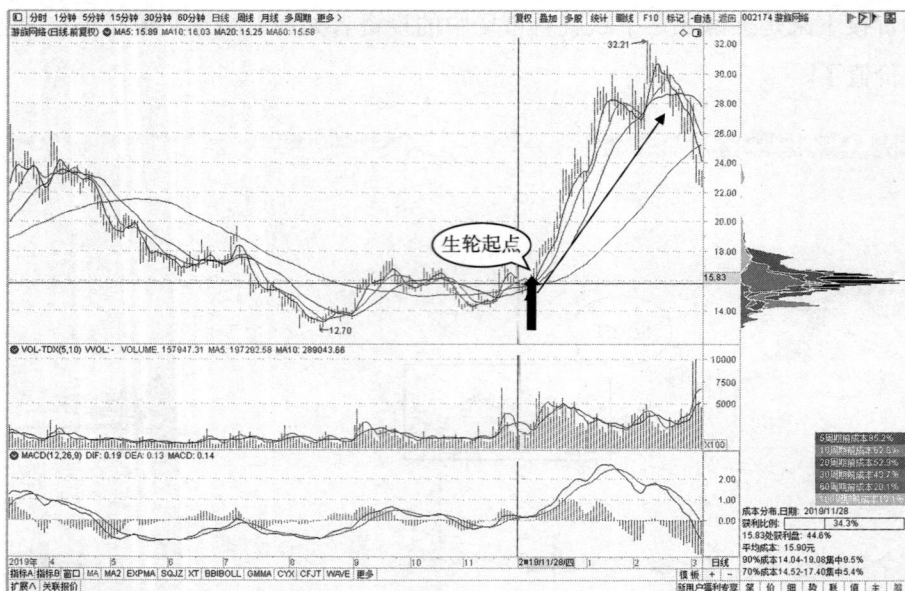

图 4-26　生轮起点特征说明

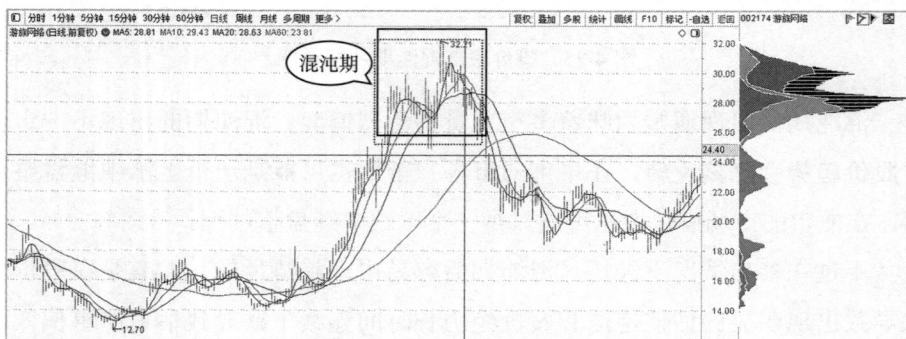

图 4-27　股价高位混沌期特征说明

　　顶部混沌期与底部混沌期明显的区别是筹码分布的状态，股价在低位震荡构筑底部过程中筹码是逐步趋向高度集中的，而股价大涨后在高位盘整构筑顶部时筹码分布区域通常是比较发散的。而且底部混沌期与顶部混沌期成交量差异也是明显的，在底部混沌期筹码走向高度集中后成交量相对于之前下跌期是明显萎缩的，而在顶部混沌期筹码发散的过程中成交量通常是持续放大的，这是因为在短时间内大量筹码完成了交换。

游族网络在 2019 年 12 月初形成了筹码高度聚集的状态，这标志着一个"生轮"的起点。而到了 2020 年 2 月底，游族网络又出现了一个死轮的起点，如图 4-28 所示。

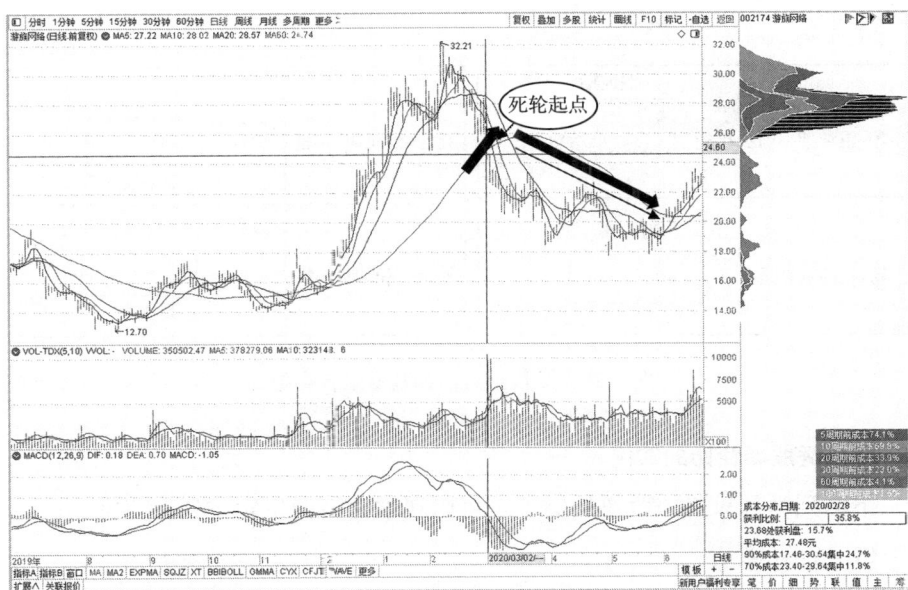

图 4-28 死轮起点特征说明

我们可以看到股价在高位盘整后形成了顶部，曾经 2019 年 12 月上涨起点时聚集在 15.5 元附近的大量筹码已经所剩无几，绝大部分的筹码都发散分布在顶部盘整区间，在 2020 年 3 月 3 日一根伴随巨大成交量的大阴线拉开了死轮的序幕。

对股市中的股价走势总结分类后，通常有以下几种基本类型：生轮＋混沌期＋死轮、生轮＋混沌期＋生轮、死轮＋混沌期＋生轮、死轮＋混沌期＋死轮，如图 4-29 所示。

股市中所有的股价涨跌走势都可以分解为以上四种类型的组合，可以找一些熟悉的股票观察它的股价走势和筹码分布变化进行验证。对生轮、死轮、混沌的定义与传统的趋势理论或 K 线形态理论有明显区别，传统的 K 线形态理论重点关注走势形态和趋势演化，而我重点关注筹码移动，以筹码的移动来定义生死和混沌。那些传统 K 线形态理论定义的一波上升趋势里可能只是一波生轮，也可能夹杂着生轮、混沌和短暂的死轮。反之，下降趋势也一样。通过观察一段较长时期的日 K 线图中股票筹码分布的变化，可以看到股价是如何演绎轮回的。优秀股票的轮回周期通常比较长，特别是生轮的延续稳定而悠长，这是投资优秀股票最大的好处。

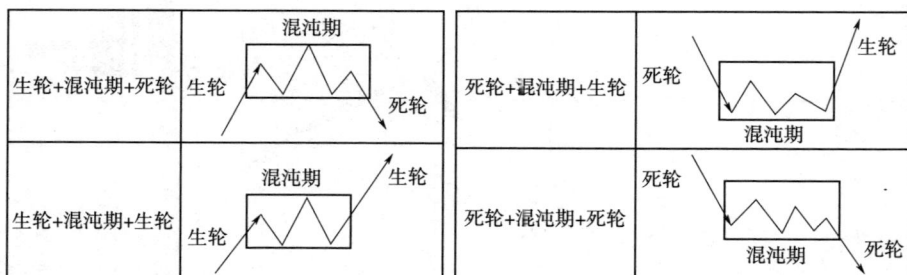

图 4-29　股价走势四种基本组合类型

1. 优秀股票轮回的实例

下面列举几只优秀股票的例子，可以观察它们的生轮与死轮特征。

（1）片仔癀

片仔癀在 2019 年 12 月形成了一个生轮的起点，筹码在股价盘整后形成了一个高度聚集的筹码峰，筹码分布的价格区间比较小，如图 4-30 所示。

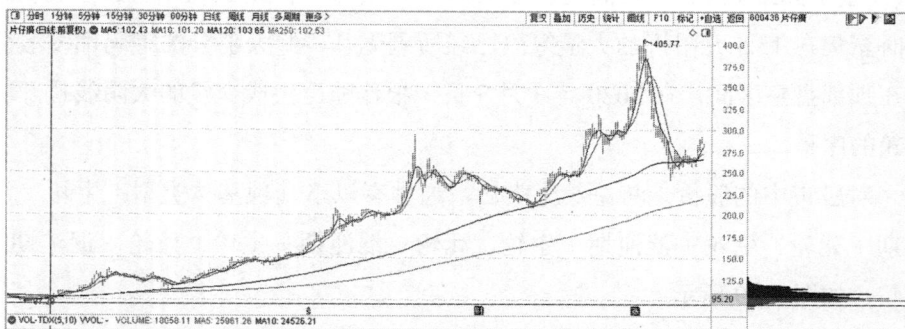

图 4-30　片仔癀 2019 年生轮起点特征

如图 4-31 所示，片仔癀在 2021 年 3 月的行情表明，起始于 2019 年 12 月的生轮周期仍未结束，股价经历过两轮大涨后曾经在低位聚集的筹码依然大量存在。

图 4-31　片仔癀 2019 年至 2021 年漫长的生轮延续特征

如果按照严格的生死轮回定义，片仔癀当前这波生轮的起点是在 2016 年 3 月开始的，只不过中途出现多次筹码大幅移动的情况，因此，把最近的一次生轮起点定在 2019 年 12 月。而截至 2021 年 3 月，你会发现即使 2020 年 10 月和 2021 年 2 月股价出现了很大的回撤，但是当初在 98 元附近聚集的筹码依然还有不少，也就意味着坚定看多的大资金在进行长周期的高抛低吸操作，因此，片仔癀始于 2019 年 12 月的生轮历时一年半依然没有结束的迹象。

超级牛股的特征是每一波大涨的起点都比上一波大涨的起点要高，近似于台阶式的波浪上涨且持续时间很长，这就是可以穿越牛熊的大牛股具备的特征。当然，这只是股价的表现，根源在于股票本身的基本面足够坚实和未来价值成长足够宽广使得机构投资者特别青睐这样的优秀股票。长期价值投资者的核心任务就是通过价值分析找到那些具备片仔癀这样潜质的未来大牛股，然后在出现合适价格和时机的时候买入并长期持有或长期跟踪高抛低吸。

（2）国轩高科

如图 4-32 所示，国轩高科在 2019 年 12 月形成一个生轮起点，股价经历低位长期窄幅盘整混沌期后筹码高度聚集在一个狭窄的价格区间内。

如图 4-33 所示，国轩高科在 2020 年 2 月生轮终结，经历高位混沌期后出现下一个死轮起点。

如图 4-34 所示，国轩高科在 2020 年 4 月死轮终结，在短暂的低位横盘后又出现一个生轮起点。

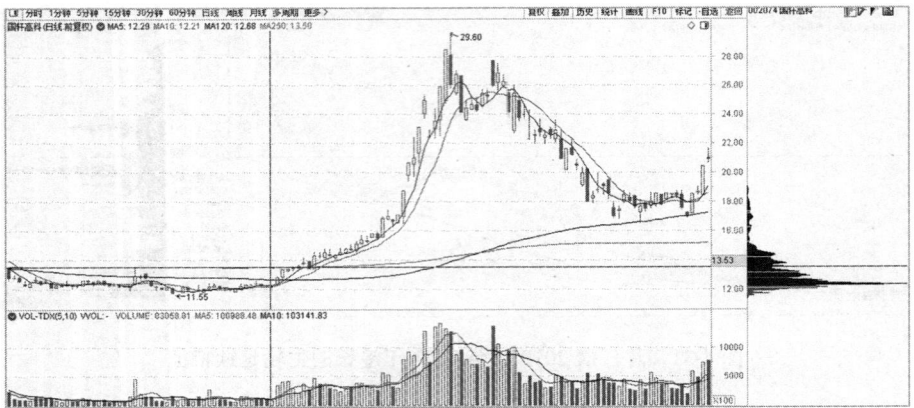

图 4-32　国轩高科 2019 年 12 月生轮起点特征

图 4-33　国轩高科 2020 年 2 月生轮终点特征

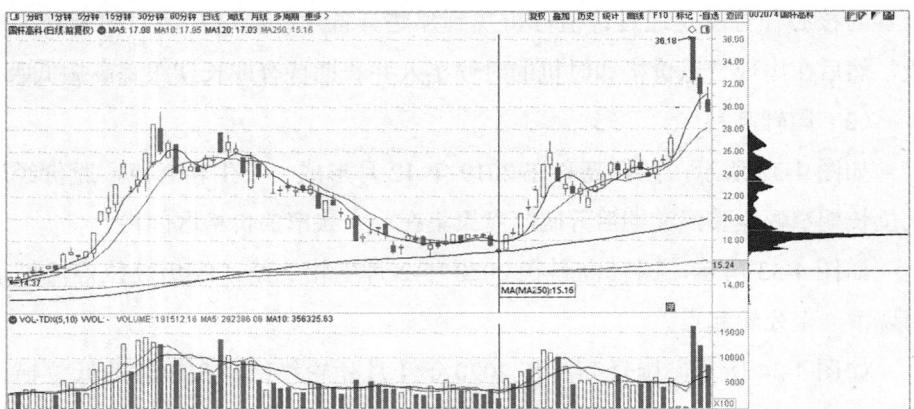

图 4-34　国轩高科 2020 年 4 月死轮终点特征

国轩高科在短短的一年时间内形成两次生死轮回，根本原因是当时推进低碳环保、减少对进口石油的依赖、发展电动汽车进行的战略考量，国家大力支持电动汽车产业的发展，国轩高科经营主业是磷酸铁锂动力电池，是国内能够量产动力锂电池的企业之一。在锂电池板块被疯狂追捧的时期，国轩高科的股票也成为了资金争相追逐的对象，由此造就了它的股价在短期快速地涨跌形成了节奏偏快的生死轮回走势。

（3）新易盛

图 4-35 为新易盛 2018 年 8 月至 2021 年 3 月股价走势图，该走势图展示了一个长达四年的阶梯式上涨和下跌模式，形成了一个漫长曲折的生死轮回。

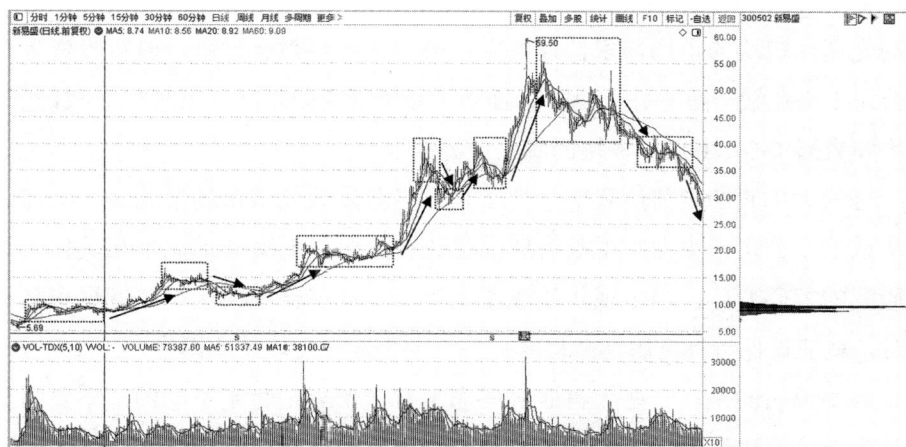

图 4-35 新易盛 2018 年 8 月至 2021 年 3 月的轮回解析

2018 年 8 月底至 2018 年 12 月底演绎上涨后的盘整混沌期。

2018 年 12 月底至 2019 年 3 月中旬演绎生轮。

2019 年 3 月中旬至 4 月底演绎上涨后的盘整混沌期。

2019 年 5 月演绎死轮。

2019 年 5 月底至 7 月中旬演绎下跌后的盘整混沌期。

2019 年 7 月中旬至 9 月底演绎生轮。

2019 年 10 月至 2020 年 1 月中旬演绎上涨后的盘整混沌期。

2020 年 1 月底至 3 月初演绎生轮。

2020 年 3 月上旬演绎上涨后的混沌期。

2020 年 3 月下旬演绎死轮。

2020 年 3 月底至 4 月初演绎下跌后的混沌期。

2020 年 4 月初至 5 月中旬演绎生轮。

2020 年 5 月中旬至 6 月中旬演绎大幅盘整混沌期。

2020 年 6 月中旬至 8 月初演绎生轮。

2020 年 8 月初至 11 月中旬演绎上涨后的盘整混沌期。

2020 年 11 月中旬至 12 月底演绎死轮。

2020 年 12 月底至 2021 年 2 月初演绎下跌后的盘整混沌期。

2020 年 2 月初至 3 月下旬演绎死轮。

新易盛的这轮长时间的上升趋势源于大力推动 5G 和数据中心建设，进而推动光通信模块的市场需求快速爆发，公司业绩自然会暴涨，股市投资者对于公司未来业绩一致看好，投资者推动了股价不断创新高。当时整个 5G 通信板块和数据中心（IDC）板块的股票走势都很强。

这只大牛股的走势给我们的启示是：当获知政策或市场消息对一个行业板块或某个公司未来业绩增长有明显促进作用时，要耐心地观察相关板块优质股票的筹码变化，当出现优质股票的筹码在估值合理的区域高度聚集且稳定时，就应该保持高度敏感并持续关注，大牛股很可能就此诞生。

需要说明的是，一些大盘股筹码通常有一部分是稳定不动的，不要固执地认为低位筹码还没完全消失就不算生轮结束，高位筹码还没完全消失就不算死轮结束。不过那些质地一般的小盘股通常在生轮和死轮转换过程中筹码移动比较彻底，因为长线资金通常不会在普通小盘股中长期潜伏，当然那些特别优秀的小盘股除外。

2. 劣质股和妖股轮回的实例

劣质股和妖股的轮回周期通常表现为生轮特别短而死轮特别长，这也导致投资劣质股和妖股会消耗投资者大量时间精力而无法获得有效回报。下面列举几个劣质股和妖股的筹码分布变化的例子，可以对比它们与那些优秀股票的区别。

（1）东方通信

图 4-36 为东方通信 2016 年至 2021 年的股价轮回解析，从 2016 年 9 月

至 2018 年 9 月，它的走势呈现的是混沌 + 死轮 + 混沌 + 死轮 + 混沌，这一波股价的死轮连锁循环持续了两年，股价跌幅 65%。从 2018 年 10 月至 2019 年 3 月，它的股价走势呈现的是混沌 + 生轮 + 混沌 + 生轮 + 混沌，这一波猛烈的生轮连锁循环持续了 5 个月，股价涨幅 1 000%。从 2019 年 4 月至 2021 年 8 月，它的股价走势呈现的是混沌 - 死轮 + 混沌 + 死轮 + 混沌 + 死轮 + 混沌 + 死轮 + 混沌，这一波死轮连锁循环持续了两年多，股价跌幅达 70%。

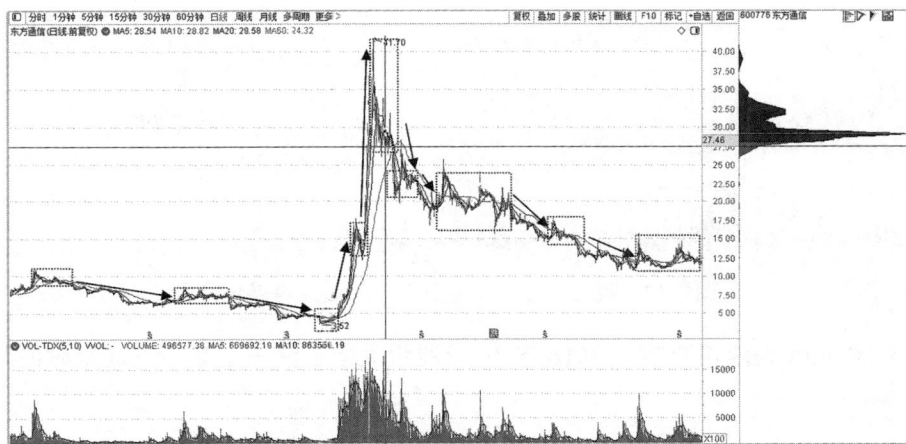

图 4-36 东方通信 2016 年至 2021 年股价轮回解析

东方通信 2018 年底至 2019 年初的大幅上涨直接原因是推动 5G 建设，借助 5G 板块利好消息叠加大盘开启了慢牛行情，市场一些激进型的资金把它作为重点关注的对象进行了炒作，市场跟风资金蜂拥而入推动了这样一个妖股的诞生。而实际上东方通信没有 5G 业务，与 5G 通信不沾边，即使在公司及时澄清了相关事实，市场资金依然置若罔闻继续涌入。妖股暴涨数倍之后通常都是留下一地鸡毛，高位冲进这只妖股的投资者最终都沦为"牺牲品"。

如果你介入了这只股票，要么是在死轮循环里血亏，要么是在 2019 年生轮循环里赚钱。那么，你能快速抓住那种暴涨行情吗？能果断地斩断亏损远离它的死轮循环吗？如果从 2016 年至 2021 年对这只股票投入巨大时间精力和资金，那么你的收获会是如何？

（2）四川双马

图 4-37 为四川双马在 2016 年 7 月一个生轮的起点筹码分布。

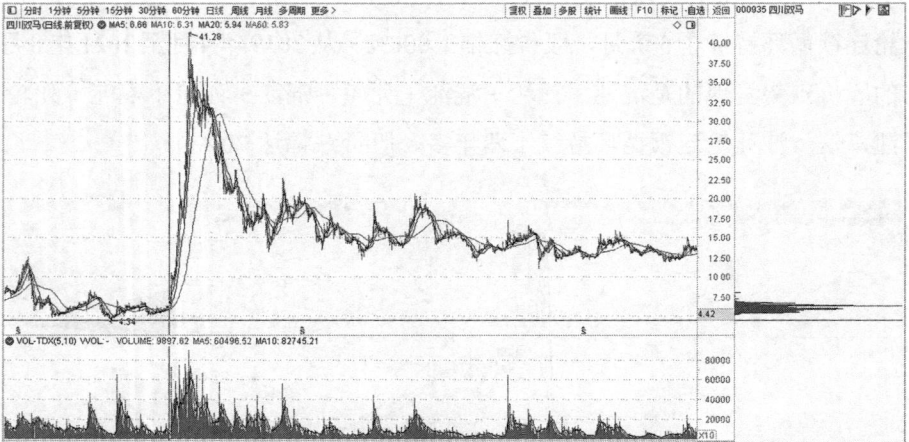

图 4-37　四川双马 2016 年 7 月生轮起点筹码分布

图 4-38 为四川双马在 2016 年 10 月股价大幅上涨三倍后中继调整时的筹码分布。

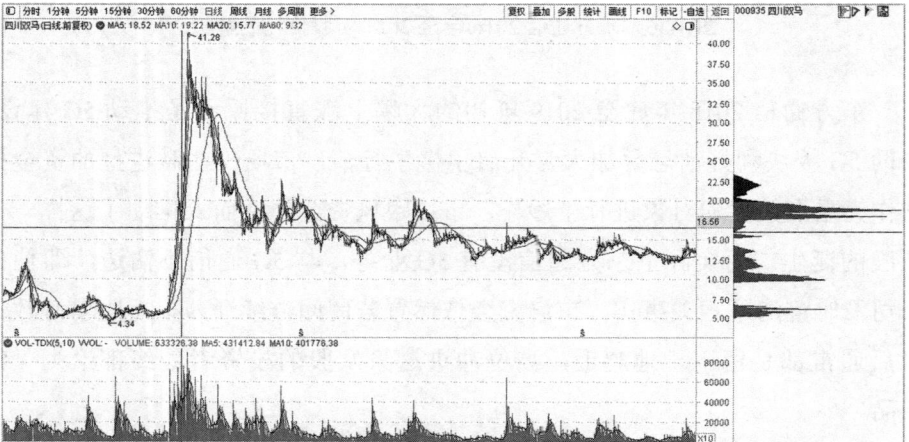

图 4-38　四川双马 2016 年 10 月上涨中途筹码分布

图 4-39 为四川双马在 2016 年 12 月股价暴涨七倍后高位混沌期的筹码分布。

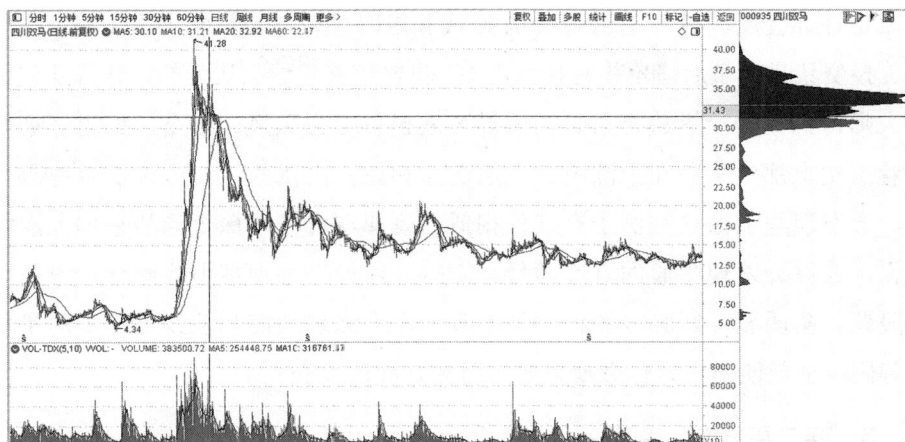

图 4-39　四川双马 2016 年 12 月上涨高位混沌期筹码分布

图 4-40 为四川双马在 2018 年 1 月股价从高位暴跌后低位混沌期的筹码分布。

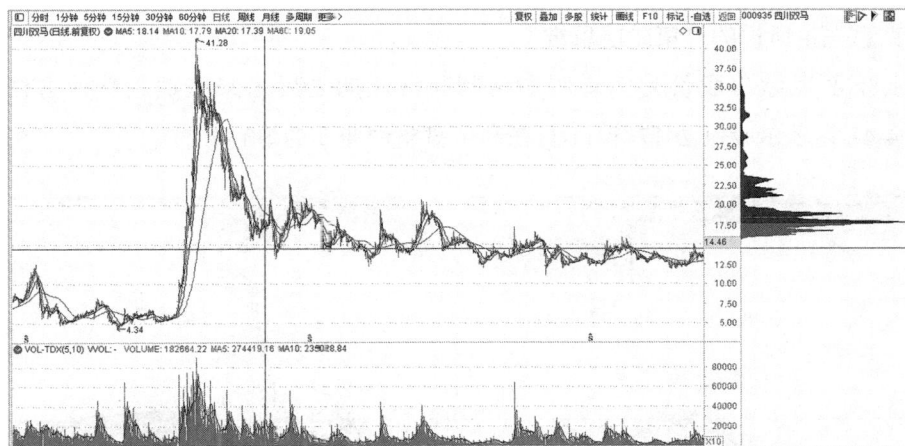

图 4-40　四川双马 2018 年 1 月低位混沌期筹码分布

四川双马在 2016 年股价暴涨了七倍，仅仅用了大约 5 个月的时间，之后从 2016 年 12 月至 2021 年经历了长时间的死轮连锁循环，相比东方通信，四川双马的死轮循环更加恐怖。

对于东方通信和四川双马这样的妖股，除了极少数短线投机高手能够从中赚到钱之外，其他投身于这种妖股的投资者结局都是被套。

也许你会反驳说："看着过去的 K 线和筹码分布，当然能讲出无懈可击的完美投资诀窍。事后诸葛亮有什么用？"我曾经就是这么认为的，认为那些投资大师讲的一些投资诀窍只是在诱导普通投资者去跟风。但是，如果仔细去查看历史上那些牛股在上涨前、中途洗盘和拉升出货的过程中量价及筹码变化，会发现与上面这些例子有某种相似的规律，再仔细探查当初它们上涨的逻辑，最终会发现牛股的真实面目。同时，通过仔细观察那些质地一般的普通股票、劣质股、妖股等各种类型的股票在上涨启动前和涨跌过程中的量价及筹码特征就能明白为什么投资劣质股和妖股难以获利了。

3. "第二层思维"实例

可能每个人都想知道股价生死轮回的转换节点混沌期特征出现后到底是走向生轮还是死轮，这个问题的答案主要与股票未来的价值成长、股票当前的估值溢价、市场投资者情绪这三类因素有关，你想要看破股价的生死轮回就必须具备洞察商业价值、洞察未来趋势、洞察人性的能力，也就是霍华德·马克思先生所说的"第二层思维"。

下面以歌尔股份为例说明如何判断混沌期之后未来涨跌趋势的方法。图 4-41 为歌尔股份 2017 年 11 月在高位盘整混沌期的筹码分布。

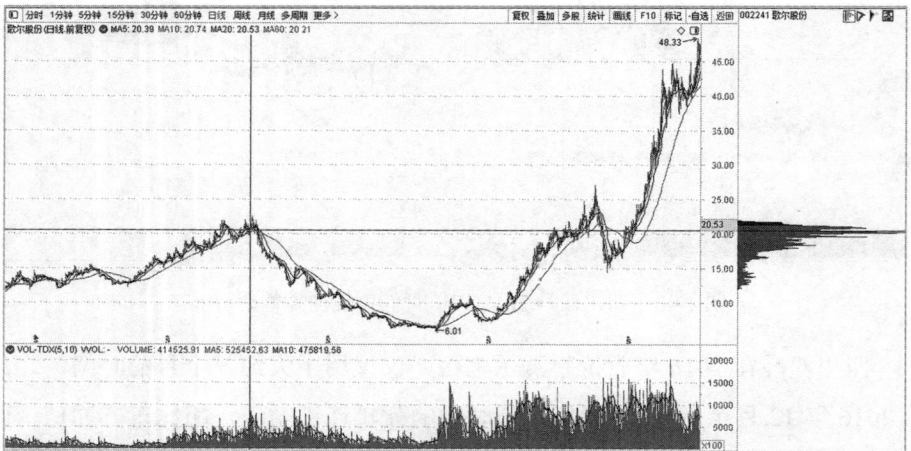

图 4-41　歌尔股份 2017 年 11 月混沌期筹码分布

图 4-42 为歌尔股份 2020 年 1 月在高位盘整混沌期的筹码分布。

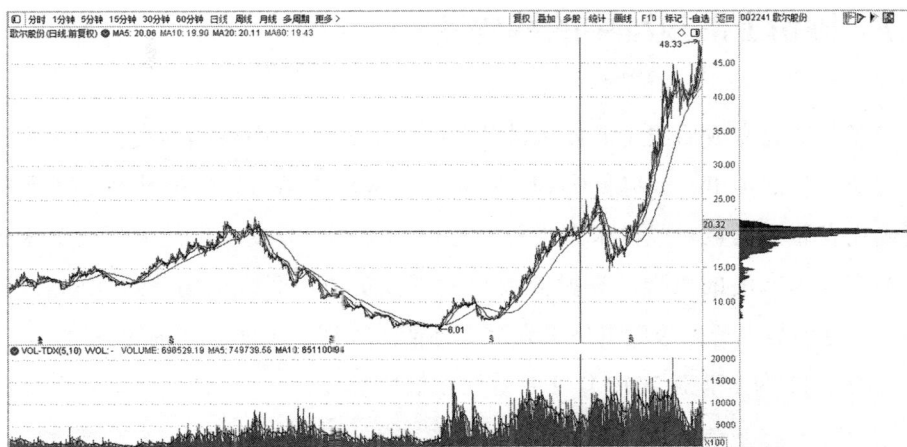

图 4-42 歌尔股份 2020 年 1 月混沌期筹码分布

对比歌尔股份 2017 年 11 月与 2019 年 12 月的筹码分布，两个时刻的股价走势和筹码分布是那么相似，如果不是看到 2020 年后期的股价走势，按照历史经验推断，当歌尔股份在 2020 年股价上涨到 2017 年 11 月相同的价位并出现高位盘整和低位筹码全部转移到高位盘整区的现象时，多数投资者会认为歌尔股份将会在 2020 年开启一轮漫长的下跌行情。然而，最终的事实没有按照历史的轨迹去重复演绎，而是开启了新的曲折上涨征程。

歌尔股份之所以能在 2019 年 12 月的高位混沌期后经历快速短暂回调就开启了新的暴力上涨，一方面是经历 2018 年业绩负增长之后，2019 年歌尔股份开始了新的业绩高速增长期。同时，2019 年股市呈现的是行业龙头的慢牛行情，市场投资者在牛市里对估值泡沫的容忍度大幅升高。这几个共同因素支撑了它在 2019 年 12 月高位混沌后走出了与 2018 年截然不同的行情。

从歌尔股份案例中我们可以看到，同样一只股票在相同价位出现极其相似的走势和筹码形态后却出现截然不同的结局，所以，不能简单粗暴地用 K 线形态和筹码分布特征等技术分析方法去预判未来的股价走势，还需要结合当时市场的环境、股票本身未来的价值变化趋势和投资者的情绪进行综合分析才能得出相对合理的判断。

4.7 股价上涨过程中的筹码变化

多头建仓完成后股价开始大涨的过程中，多头核心筹码的变化通常有三种类型：分批卖出、高抛低吸和多头锁仓。股价大涨过程中多头核心筹码的变化代表着大资金对股价未来走势的态度和实力，分批卖出是大资金对未来持保守谨慎态度的表现，高抛低吸是大资金实力稍弱或市场情绪弱的表现，多头锁仓则是大资金极度看好未来上涨行情的表现，下面分别举例说明。

图 4-43 为索菲亚 2019 年 2 月筹码在低位聚集。

图 4-43 索菲亚 2019 年 2 月筹码在低位聚集

索菲亚在 2019 年 3 月上涨中途盘整时筹码发散明显，曾经在低位聚集的大量筹码移动到了盘整区间的位置，如图 4-44 所示。

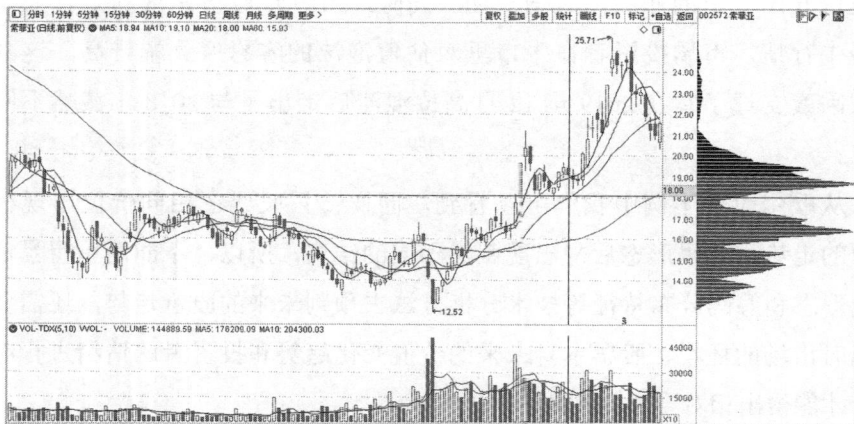

图 4-44 索菲亚 2019 年 3 月上涨中途盘整期筹码分布

索菲亚 2019 年 4 月股价短期见顶后筹码分布趋向发散，曾经在低位聚集的筹码和中途盘整的筹码已经大幅减少，如图 4-45 所示。

图 4-45　索菲亚 2019 年 4 月股价回调期筹码分布

在分析索菲亚这三幅图中的量价和筹码变化过程时，我们可以观察到，在当时股价上涨过程中，市场情绪并不稳定，多头资金在股价上涨时快速分批抛出筹码以获利了结，也就导致这样一轮上涨持续时间并不长，涨幅也不算太大。出现这样的行情，也许是因为经历 2018 年持续一年的漫长熊市下跌后，资金对熊市的恐惧还没有消失，市场中的投资者思维和情绪还没有完成转换，最终造成了这样一波筹码不稳定的上涨行情。

下面是股价上涨过程中的高抛低吸的案例。

图 4-46 为丹化科技在 2021 年 1 月股价上涨时多头高抛低吸操作形成的量价和筹码变化特征走势。

多头在股价处于上升趋势中进行高抛低吸，严格意义上分为长周期的高抛低吸和短周期的高抛低吸，虽然丹化科技属于大牛股长周期高抛低吸，不过，这里的高抛低吸主要是指短周期的高抛低吸行为。多头进行短周期高抛低吸时核心筹码峰位置变化很快，通常在那些游资扎堆的题材股里出现这样的特征，这主要是参与这只股票的多头资金不稳定导致的。有时高抛低吸与游资空中接力建仓会重合，不过，这个过程的判断特别考验投资者的经验和交易水平。上涨过程中呈现高抛低吸特征的股票操作难度极大，不建议交易

图 4-46　丹化科技股价上涨时多头高抛低吸筹码变化特征

下面是上涨过程中多头锁仓的案例。

图 4-47 为五粮液 2019 年股价上升趋势中多头锁仓特征。股价上升趋势中多头锁仓最主要的特点是多头核心筹码峰在股价上涨过程中位置不动且几乎不减少，大量筹码被坚定看多的投资者锁定。上涨时，会看到长期的"量价背离"现象，也就是股价持续上涨的中期成交量相对于上涨初期的成交量是明显萎缩的。会发现"量价背离就是顶"的规律此时是失效的，股价没有因为成交量的萎缩而停止上涨，恰恰相反，因为成交量萎缩而股价才具备不断创新高的基础，因为多头资金还没打算卖出。

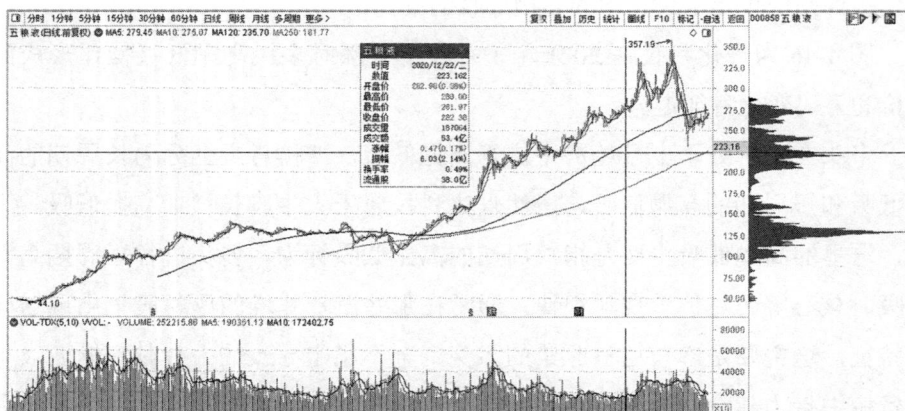

图 4-47　五粮液股价上涨时多头锁仓的筹码特征

等到股价涨高后再次开始大幅放量时就要小心了，这可能是多头开始动摇了。一旦手握大量低价筹码的多头开始抛出筹码变成空头时，股价上升趋势容易见顶，需要密切关注高位盘整过程中筹码的变化情况。

图 4-48 为数据港 2020 年 7 月股价上升趋势中多头锁仓的特征，同样可以看到股价上涨中期呈现出"量价背离"的特征。只不过这只股票见顶时成交量没有明显放大，所以，不要用刻板的量价形态规律去套用所有股票，不过筹码的变化是值得信赖的明确信号。

图 4-48 数据港股价上涨时多头锁仓筹码特征

4.8 多头出货时的技术特征

资金量巨大的投资者相比普通散户投资者具有资金优势、信息获取优势，但同时资金巨大也是他们的劣势，因为他们想要在股价上涨后快速卖出大量股票是比较困难的，大量的卖盘通常会破坏股价上涨的趋势，当股价上升趋势出现衰弱迹象时会影响跟风投资者的追涨热情，缺少跟风追涨力量的股票无法维持股价持续大涨，想要在下跌行情中卖出大量股票是很困难的，所以，大资金只有在股价大涨时才能顺利地把股票卖给追涨的投资者并且不影响股价上升趋势。

多头出货时通常都伴随成交量明显放大的现象，在多头出货时期，可以经常看到 K 线带有上影线而且大阴线开始增多，成交量放大而股价上升的力度明显变小，随着多头出货的力度增强，股价很容易进入高位震荡行情。

图 4-49 为科大讯飞 2019 年 3 月多头出货时期的量价和筹码特征，从图中可以看到股价大涨之后开始出现带有长上影线的阳线并且伴随成交量明显放大，之后股价虽然还在上涨，但是放量阴线的数量开始明显增加，随着股价慢慢在高位走成了下降三角形的走势，曾经聚集在低位的筹码大量向高位转移，这样的量价和筹码特征是股价见顶的典型表现。

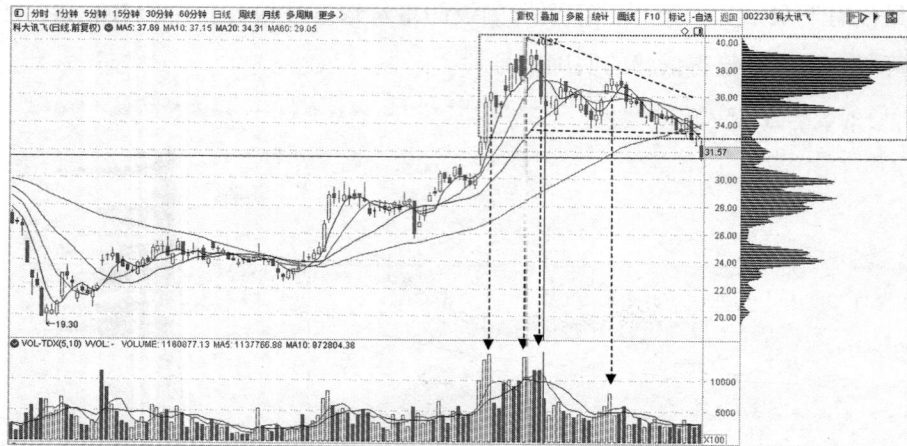

图 4-49　科大讯飞 2019 年股价上涨末期多头出货时量价和筹码特征

图 4-50 为海康威视 2018 年 3 月股价上涨见顶后多头出货时量价和筹码分布特征，从图中可以看到股价见顶盘整后成交量明显萎缩，大量筹码向高位转移，MACD 指标也出现了顶背离的信号。

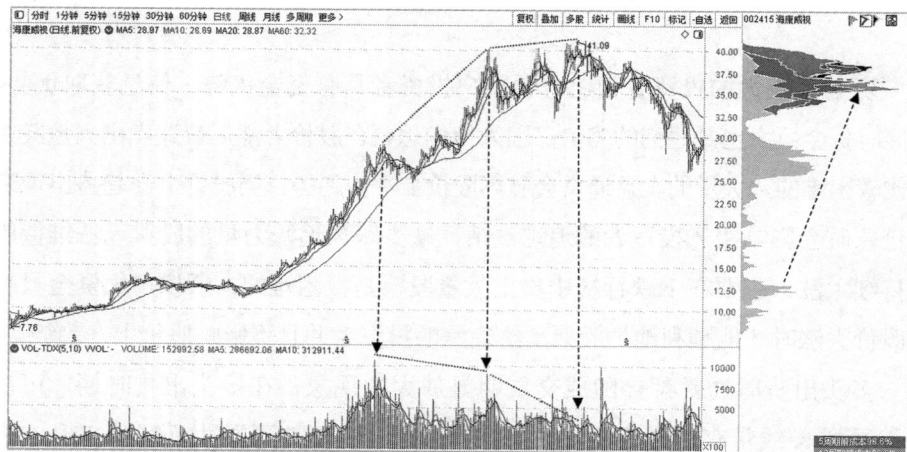

图 4-50　海康威视 2018 年股价上涨末期多头出货时量价和筹码变化特征

立讯精密在 2020 年 7 月股价上涨开始见顶后，开始出现比较多的放量大阴线，之后的盘整中也可以看到很多带有上影线的阳线，股价在盘整中的上涨阶段虽然成交量也是明显放大的，但是股价却始终没法走出凌厉的上涨走势，如图 4-51 所示。

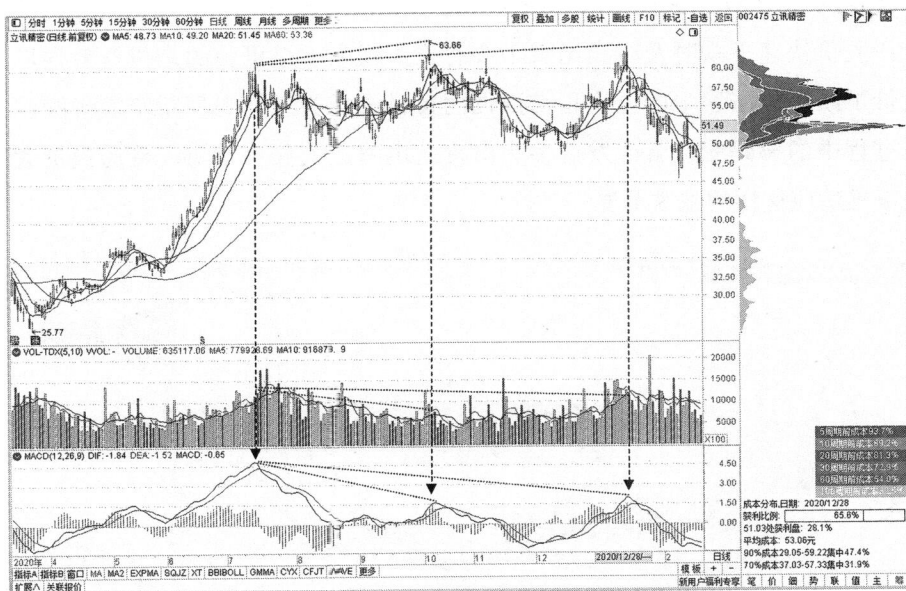

图 4-51　立讯精密 2020 年股价上涨末期多头出货时量价和筹码变化特征

盘整之后出现了股价创新高而成交量却没有再创新高，即"量价背离"特征，并且此时的 MACD 指标也出现了明显的"顶背离"。

其中，MACD 指标顶背离是指股价在高位盘整后再次上涨创新高而对应的 MACD 指标中 DIF 线或 DEA 线并没有创新高，而是明显低于进入盘整前的高点。注意，MACD 指标"顶背离"和"底背离"必须是在盘整之后出现，没有盘整就不是标准的 MACD 指标背离，而是"盘整内部背离"。

关于 MACD 背离的定义，感兴趣的读者可以去阅读缠论的内容，不过，这里我想说的是大家不用过多关心是否出现背离特征，因为不是所有的股票上涨见顶时都能看到"顶背离"，也不是所有的股票下跌见底时都能看到"底背离"，特别是一些妖股的顶部很可能只是一个猝不及防的转折而已，甚至连高位盘整都没有就见顶了。用心观察筹码的移动，大家就可以得出相对准确的判断，不需要套用各种形态去猜。

图 4-52 为新安股份 2020 年 11 月股价暴涨见顶后的量价和筹码特征图，在 2019 年 4 月同样出现过类似的见顶特征。如果用常规的 K 线形态分析、趋势理论分析和 MACD 指标等技术分析，根本无法及时看出股价见顶的信号，当你看到 MACD 死叉信号时，股价已经从高位回撤 30%。若是机警型的投资者在股价快速下跌时及时卖出就不会有太大损失，最可怕的是投资者误以为股价下跌是上涨途中的一次正常回调而盲目进场买入。观察新安股份股价上涨过程中的筹码变化就能发现多头出货之迅速让人猝不及防，普通投资者恐怕很难适应这样的涨跌节奏。

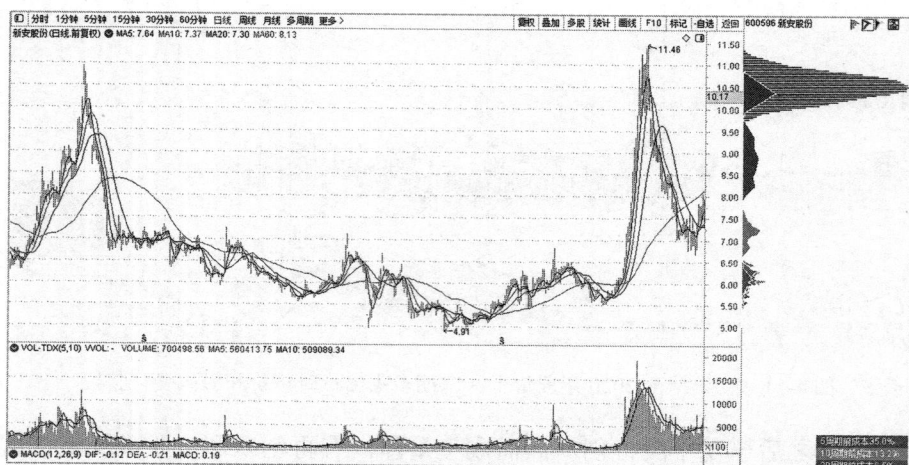

图 4-52　新安股份 2020 年股价上涨末期量价和筹码变化特征

4.9　准确选择买卖时机

做股票投资其实无非是做四件事情：选择目标、买入股票、等待预期兑现及卖出股票。

选择股票是一个动态筛选的过程，所经历的时间是不确定的。买入和卖出对于资金较少的普通投资者而言，其实只是短暂的决策和行动，这两个动作考验更多的是一个人的胆识和执行力，因为在你选择买入目标时就已基本确定了合适的买入和卖出价格区间。等待是股票投资中仅次于价值分析的事情，甚至对于价值投资大师而言，它是最重要的事情，因为优秀的股票并不多，其他的劣质股基本不用去看。

价值投资者需要做的是等待优秀股票出现合适的买入信号和严重高估时的卖出信号。即使不做价值投资，如果仔细思考也会发现等待其实占据了投资中大部分的时间，因为不是什么时候都能出现合适的买入目标的，发现目标也不是立马就可以买入的，买入后也不是明天就出现卖出信号的。总之，无论你是否是价值投资者，等待是一种大智慧，学会与时间相伴是成熟投资者必备的修养和基本认知。"做时间的朋友"是公认的成功必经之路。

在理解了股票价值分析和股价轮回波动的规律之后，可以总结出选择买卖时机的诀窍，简单概括如下：

- 择买入时机：当具备某种看涨逻辑的优质股票在估值合理且量价开始活跃，同时伴随筹码开始高度集中特征时，就是买入时机。此外，也可以在筹码集中后，股价开始启动放量上涨时买入。

- 选择卖出时机：在股票大幅上涨后，如果估值虚高且多头核心筹码明显减少，伴随出现成交量明显变大而价格上涨缓慢时，应该考虑卖出，或者在发现股票本身的基本面和筹码变化与当初的判断相反时，应止损卖出。

当然，买入和卖出时机其实不是一个固定价格，而是一个价格区间。下面举例说明如何根据量价和筹码特征选择买入和卖出的时机。

图 4-53 为中材科技 2019 年 12 月出现买入时机的量价和筹码特征说明。

首先我们来分析中材科技未来看涨的逻辑，中材科技主营业务玻璃纤维和风电叶片占据了公司营收的 80%。2019 年，政府出台了关于风电光伏等清洁电力享受补贴的政策，规定在 2020 年底之前完成装机并网的风电光伏等清洁电力可以享受国家补贴。受这样的政策刺激，2019 年到 2020 年都是风电和光伏产业快速装机的时期，由此推动了相关产业链的景气周期。

风电叶片是风力发电中占比较大的零部件，其必然推动中材科技等产业零部件生产厂商的业绩增长。这一需求的增长形成了中材科技这只股票坚实的看涨逻辑，当市场投资者对这样的看涨逻辑普遍认可时，便形成了对这只

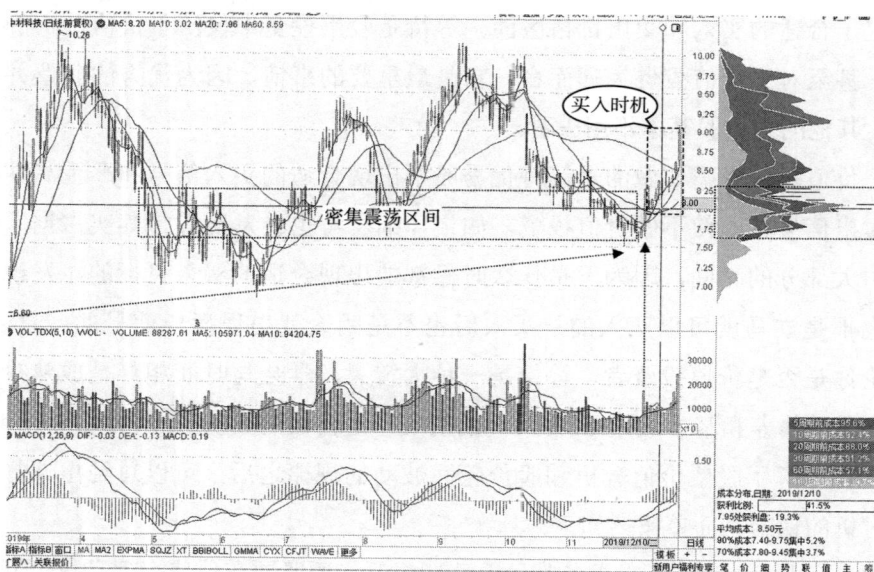

图 4-53　中材科技 2019 年买入时机特征说明

股票未来强烈的看涨预期。2019 年，中材科技的股价大幅震荡上涨也验证了这个逻辑的成立，它的看涨预期也得到了市场的确认。

既然中材科技的看涨逻辑是确定的，那么，接下来就需要确定什么时候才是最佳的买入时机。中材科技 2019 年 1 月至 4 月经历过一波翻倍的上涨行情，然后开始了长达八个月的大幅震荡行情。可以看到在大幅震荡行情中股价的低点是不断抬高的，股价每次下跌到 8 元附近时都会出现探底回升的走势，7.5 元至 8 元是密集的震荡区间。

在 2019 年 12 月股价再次下跌到 7.5 元附近探底回升时，12 月 3 日出现了放量大阳线，随后在 12 月 5 日出现了 8 元附近筹码快速聚集的特征，由此可以判断这只股票的最佳买入时机出现了。12 月 5 日的筹码聚集信号出现后，在之后股价从 8 元上涨到 9 元的区间都是买入时机。

为什么 9 元上方不建议再追涨买入呢？因为目前上方有不少套牢筹码，虽然这只股票未来看涨预期十分强烈，股价突破上方盘整压力区是迟早的事情，只不过我们此时并不知道什么时候会突破盘整压力区，股价在 10 元上涨受阻再次向下回调是很可能发生的事情，如果贸然在 9 元上方压力区买入就可能被套，一旦被套就会扰乱自己的心态导致错误的交易和无谓的亏损。

当然，在确认多头核心筹码峰后，在核心筹码峰区间买入股票是最安全的。中材科技此时的多头核心筹码峰在 7.6 元至 8.2 元，越接近多头核心筹码峰区间的买入价格越安全。

当一只股票同时具备公司经营稳定、有看涨逻辑、有看涨预期、筹码在低位聚集，这四个特征时就是最佳的买入时机。

如图 4-54 所示，中材科技在 2020 年 2 月出现了第二个买入时机。也许你会感到疑惑：为什么不在突破 10 元盘整压力位时买入呢，那时买入价格不是比现在的 12 元更低吗？这个问题的答案因人而异。对于"突破买入型"的交易策略而言，应该在股价涨停突破前期盘整压力位后买入，不过交易策略本身没有对错之分，只要交易策略能够持续盈利就是好的策略。

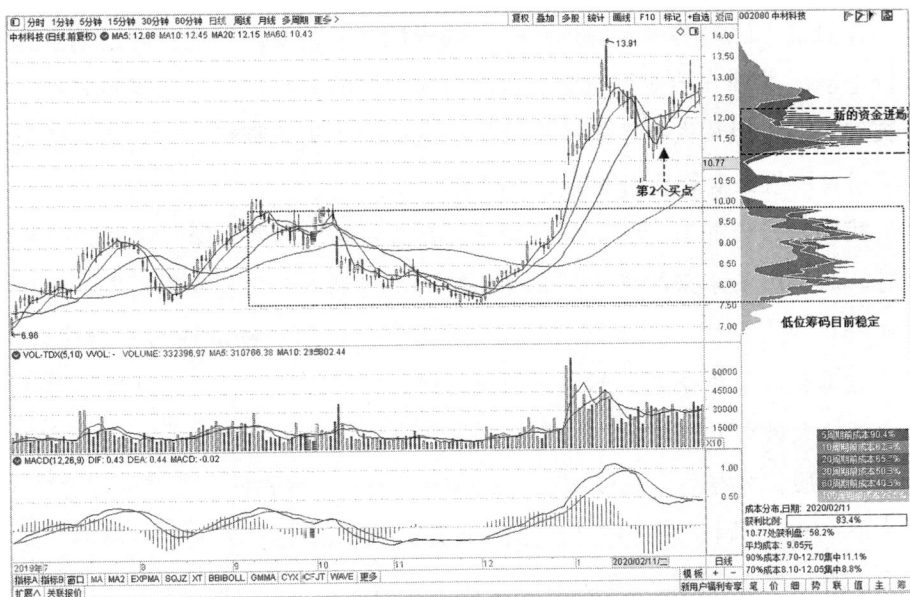

图 4-54　中材科技 2020 年 2 月出现第二个买点特征

中材科技 2020 年 2 月在回调之后出现了新的上涨走势，此时可以看到，曾经在低位聚集的筹码还比较稳定，在回调低位 11 元到 12 元有一些新的资金进入，此时是第二个买入时机。如图 4-55 所示，中材科技在 2020 年 3 月初经过一轮高位三角形盘整后，曾经低位聚集的筹码大量转移到了盘整区间的高位，在这种情况下，应该选择减仓以规避风险。

图 4-55　中材科技在 2020 年 3 月上涨后盘整期筹码特征

在股价上涨趋势中，筹码形态的稳固性至关重要。低位筹码松动意味着股价上涨的基础开始变得脆弱。虽然出现这样的筹码形态不代表将来不会继续突破大涨，但从大概率的角度分析，这样的"头重脚轻"筹码形态往往更可能引发股价在盘整后出现明显的回调。

我们做投资并非一味地疯狂豪赌，在 2 月初，当看到第二个买入时机出现时，对于股价未来的走势是充满期待的，而到了 3 月初盘整后期，市场行情就变得令人担忧，在正常的牛股上升趋势中，筹码松动通常不会这么快，最关键是在高位盘整期，筹码是聚集在盘整区间的上部分，这就有了多头大资金高位大量卖出的嫌疑。

看到股价大涨后，高位盘整期低位的多头核心筹码松动太多就需要警惕，无论是在 8.5 元附近买入还是在第二个买点 12 元附近买入的中材科技，此时都应该进行减仓来回避风险，等到行情走势确定后再伺机而动。

如图 4-56 所示，中材科技 2020 年 3 月出现一波急速回调后，股价在早期盘整高点 10 元位置企稳。可以看到，中材科技 2020 年 4 月股价遇到支撑后缓慢企稳反弹，尽管在 3 月初股价高位盘整出现危险的筹码形态后经历一波迅速下跌，但下跌之后股价企稳的位置让人惊喜，因为股价根本没有跌破前期盘整的高点位置，这是股价上升趋势十分强势的表现。虽然这样的上升趋势非常煎熬，但对于长线价值投资者而言，这样的走势反而可以让未来的上涨更加健康长远，因为低位浮动筹码明显减少了，跟风投资者的成本明显高于多头核心筹码的价格。

图 4-56　中材科技 2020 年 4 月筹码指标分析支撑区和压力区说明

在 4 月股价企稳时可以看到，低位的多头核心筹码依然有不少，反弹期间又出现了资金进场吸筹的信号。虽然此时看到上方有大量套牢筹码，让人感觉未来的上涨压力巨大，但我们需要牢记，看涨逻辑和看涨预期才是支撑股价走势的核心所在，在大牛股的上升趋势中不断突破盘整压力位是很常见的事情。此时，中材科技的看涨逻辑被否定了吗？没有。它的股价上升趋势被破坏了吗？没有，支撑位很强势。反弹期间低位筹码继续松动了吗？没有，而且还有大量资金在逢低买入。

因此，这里是一个不错的买入时机。做投资有时就是如此，明明一只股票看涨逻辑十分坚实，市场的看涨预期也很旺盛，但是当它在高位出现股价大幅回调的信号时，要尊重市场的选择，即使自己犯错也要果断认错，固执地坚持错误的策略会付出代价。等待市场企稳后，新的买点信号出现时千万不要抱有嫌弃厌恶的观念而排斥它、否定它的看涨逻辑和预期，新的买入时机出现后我们应该继续买入。想要收获的是未来大涨带给你的丰厚利润，不要为过去的小幅亏损耿耿于怀。

这里我们简单补充一下如何用筹码指标判断股价涨跌过程中的压力位和

支撑位，大家常说的压力位和支撑位，更准确的说法是压力区间和支撑区间，压力和支撑不是一个明确的价格，而是一个价格区间。

在股价生轮和死轮中，股价下方的筹码聚集区是支撑区间，股价上方的筹码聚集区是压力区间。在混沌期，不要盲目确定支撑位或压力位，这样容易出现误判。上升趋势重点看下方的支撑位，下跌趋势重点看上方的压力位。

在上升趋势中，通过观察多头稳定的筹码聚集区可以知道股价上涨的支撑位在什么价格区间，股价回调时可以在支撑区间或支撑位上方股价企稳反弹时买入。股价回调的具体位置通常是不确定的，因此，不应过于固执于具体数字。

上升趋势中的压力位对股价上涨的作用需要结合低位多头核心筹码的稳定性来分析。在压力位，如果多头核心筹码稳定，那么股价可以突破创新高，反之则可能短期见顶回落。当然，如果遇到空中接力的行情，这样的判断就是错误的，如何取舍和应对取决于你的风险承受能力和对盘面看涨预期的判断精确度。

在下跌趋势中，需要重点观察上方的压力区间在什么地方，即筹码大量被套的价格区间。通常，下跌过程中的反弹最高也就触及上方套牢筹码区间，很多时候反弹非常疲弱根本不会去触碰上方的压力区间。所以，如果想抢反弹行情就要密切注意上方压力位和股价反弹力度。若是对盘面节奏把握较差或操盘纪律较差，宁愿空仓等待也不要去抢反弹。如果买入的股票让你感觉心惊肉跳、寝食难安，那么，则说明自己做出了错误的交易策略。

如图 4-57 所示，中材科技 2020 年 5 月底经过一轮弱势反弹后，股价虽然是弱势反弹，但是上升趋势没有改变，股价反弹后的回调支撑位置依然强势，此时的筹码分布相比反弹初期"头重脚轻"的不稳定形态看起来要健康很多。

此时，位于上方被套筹码减少了一些，[7.5，9] 的低位多头核心筹码依然存在，并且在 [9.5，10.5] 和 [10.5，11.5] 出现了新的筹码峰。多数筹码聚集在相对低的价格区间，这就为股价未来上涨突破创造了良好的基础。所以，5 月底反弹之后的短暂回调就是一次极佳的买入时机，这是仅次于这轮上涨起点 8.5 元区间的极佳买入时机，因为此时股价继续上涨的确定性仅次于 8.5 元启动上涨的时候。

图 4-57　中材科技 2020 年 5 月买点区域筹码分布

如图 4-58 所示，可以看到中材科技 2020 年 8 月初的量价和筹码特征。经过 4 月到 5 月弱势反弹和筹码重新分布后，市场多头又一次凝聚了共识，股价在 6 月初强势突破前期盘整高点 13 元附近的压力区，突破压力区后没有出现明显的回调，而是慢慢爬升。同时，在股价上涨的过程中，MA20 均线呈现一个接近 45°的稳定上升角度，低位的多头核心筹码比较稳定，市场追涨情绪浓厚，截至目前来看，股价的上涨很顺畅，没有出现明显的抛压，股价回调从未跌破 MA20 均线。在这样的上涨阶段，对于前期买入的股票，耐心持有就好，不需要过多操作。

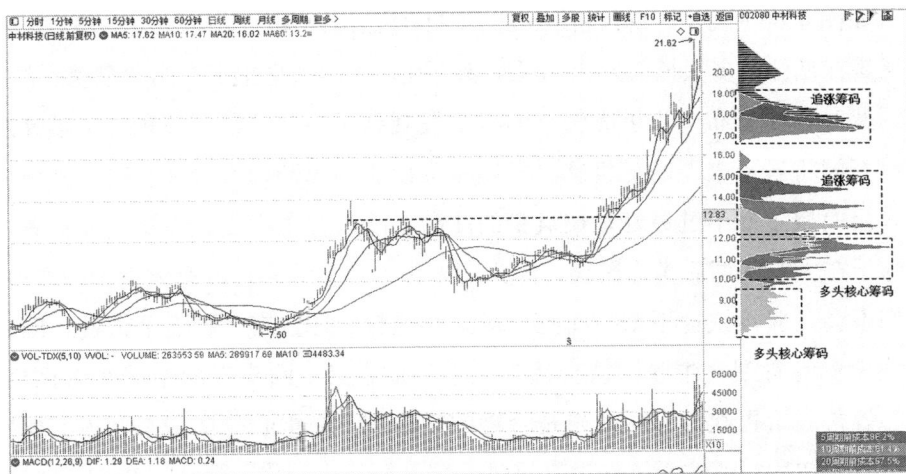

图 4-58　中材科技 2020 年主升浪筹码分布

如图 4-59 所示，中材科技 2020 年 8 月底出现了筹码明显松动的迹象，曾经大量聚集在低位的多头核心筹码明显开始快速减少，大量筹码向高位转移，股价上涨乏力，MA20 均线被明确跌破了，股价大幅上涨后的筹码分布再次呈现了"头重脚轻"的特征，这是一个股价回调的预警信号。

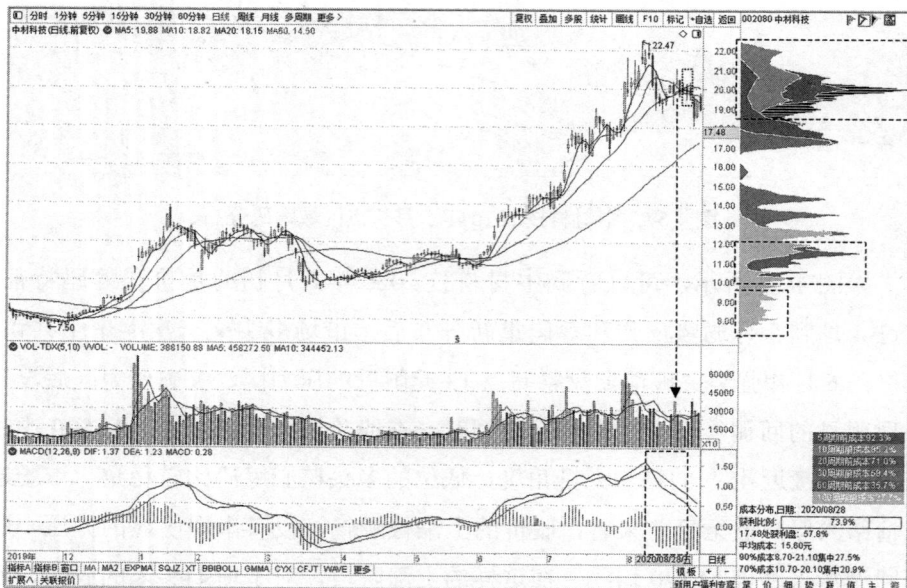

图 4-59　中材科技上涨见顶信号出现时筹码分布

如图 4-60 所示，中材科技 2020 年 11 月已经出现了明确的卖出信号，曾经聚集在低位的多头核心筹码已经所剩无几，筹码大量集中在高位盘整区间。

此时筹码分布"头重脚轻"的特征发展到了极致，给人一种"头顶高悬的巨石即将砸下来"的危机感。发现多头核心筹码开始大量减少时，需要考虑卖出股票了，不过最好是在盘整的冲高上涨过程中卖出，小资金投资者不必急于在大幅回调后卖出股票，因为在多头大资金筹码还没有大量卖掉之前，他们不会让股价快速下跌。而且市场上涨趋势中往往有一种上涨惯性，因为其他投资者看到大牛股回调会认为是"千金难买牛回头"的绝佳买入机会。耐心等待股价再次冲高时卖出是合理的策略，不必担心行情涨不回去。如果你还是后知后觉或忙于工作没有及时关注盘面筹码变化，那么，在 11 月底出现低位多头核心筹码几乎快消失时，就不应该再犹豫，不要惋惜自己回吐了不少利润，该卖就得卖。

图 4-60 中材科技卖出区间筹码分布

此时的中材科技筹码分布比较有意思的一点是，在高位盘整期，筹码大量分布在盘整区间的底部区域，这说明投资者在盘整低位大胆地买入，这预示着后面很可能还有一波上涨，当然也可能不会有上涨了。作为理智的价值投资者，此时继续押注这只股票未来继续大涨是冲动的想法，不过保留少量筹码以验证自己对未来的猜想或安慰那颗想要冒险的内心也是可以的。

如图 4-61 所示，中材科技在经历 2020 年 11 月的大幅震荡盘整后，再次上涨创新高。也许你会说之前在 20 元附近盘整时大喊"卖出"的我是不是有问题？事实上，最后一波上涨带来 30% 的利润超出了我的认知范围和能力范围，因此我不敢也不会去拿。

即使后期股价上涨超出了原本的判断，但是对于这只股票卖出时机的定义依然不变。筹码变化是这套交易体系的核心，不追求买在最低点和卖在最高点，只追求交易大概率准确和稳定地获利，至于股价什么时候涨、会涨多少、上涨持续多长时间、盘整会是什么形态、会以什么样的方式见顶等问题，我们无须过度猜测。对了就是对了，错了就是错了，费尽心思去猜测未来没有意义。

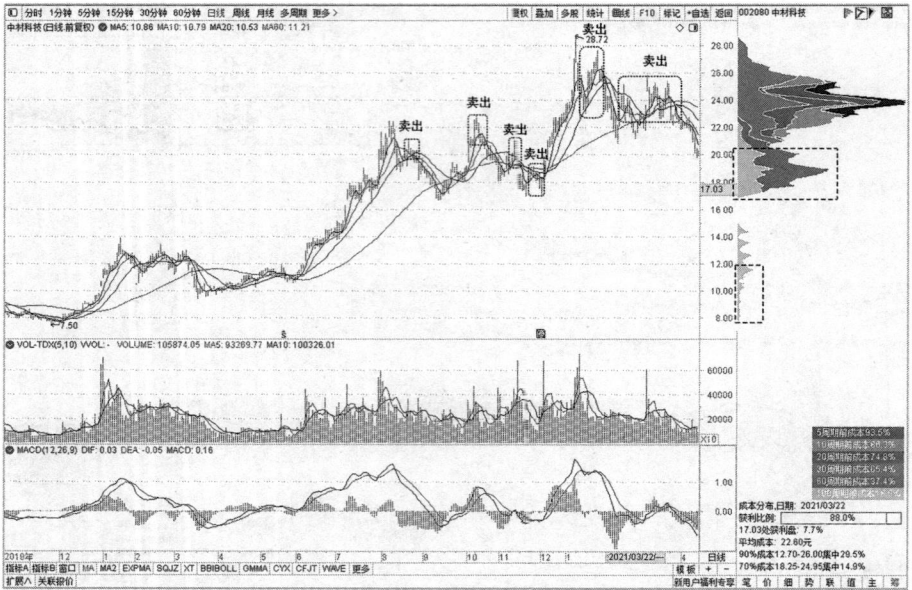

图 4-61　中材科技上涨见顶后的筹码分布

第 5 章

仓位配置策略

———

　　选股和择时策略解决了投资者买什么样的股票和什么时候买卖股票的关键问题，但并不代表投资体系已经完整了，因为在选股时会发现，好几只股票都比较优秀而且都处于合理的买入时机，这时该怎么分配自己的资金呢？当你卖掉了一只股票获利丰厚之后，这笔资金又该怎么使用呢？当你有一笔闲置资金转入股票账户后，该如何使用这笔资金呢？这些问题都涉及资金管理和仓位配置策略，这些策略是完善投资体系不可或缺的一部分。

5.1　资金管理和仓位管理的必要性

有人可能会有疑问，既然是价值投资，选择的股票都是绝对的优秀公司，为什么还要折腾，把资金分散到几只股票里呢？直接把所有资金投入像腾讯这样的优秀公司里当股东不行吗？

从现实角度看，也许大家会毫不犹豫地说没问题，但是大家可能忽略了一些关键的因素：首先，从来没有哪家企业可以保证自己永远立于巅峰而不衰败，没人能保证你全仓押注的公司永远辉煌。比如，诺基亚、金立手机、乐视、柯达胶卷等企业都曾有辉煌的过去，但最终都衰落了。其次，你能保证自己全仓押注的公司不会出现"黑天鹅"事件？很多投资者从来没想过会亲身经历一次"黑天鹅"事件。你能保证自己不会遇到长生生物那样的事件？你能保证对上市公司的管理层道德素质了如指掌？即使上市公司当前表现得非常优秀，但你能保证公司管理层明天不会干出极其愚蠢的事情导致公司出现巨大危机？

如果本金 10 万元满仓买入一只股票后下跌了 60%，那么只剩下 4 万元的本金了。用 4 万元本金赚回 6 万元才能回本，也就意味着你需要在投资中获得 150% 的收益率才能实现回本目标。150% 的投资收益率难吗？对于大多数普通投资者很难。超过九成的投资者是在持续亏钱，想要收获 150% 的收益率是天方夜谭。在没有偶然事件发生的情况下，赚回亏掉的 60% 将会是一个漫长煎熬的过程，甚至很多投资者本金会越来越少。所以，不要让自己的本金置于极度危险的境地，一次巨亏就能让你陷入极度被动的境地。

这里想用概率学说明一件事：永远不知道明天是好事还是坏事先到来，所以，最好不要把鸡蛋放在一个篮子里。目的也只有一个，管住自己狂妄不羁的心，学会敬畏风险，学会理解风险，学会管理风险，学会分散风险。

不过，分散仓位也需要一个底线，即不能买一堆的股票导致你没有足够的时间精力去跟踪对应股票的相关信息和盘面状况。甚至，有的投资者是为了"分散"而分散，只想着把资金分散到不同的行业和股票里，却没有认真考察过那些股票的投资价值如何，只是分散了资金却没有分散风险，反而增大了亏损的风险。这样错误地分散仓位，还不如把资金集中到自己特别熟悉而且未来上涨确定性极大的两三只优质股票中，正确的集中仓位反而会提高抗风险的能力和投资收益率。

5.2　仓位配置原则与策略

风险是不能完全回避的，除非你不参与股市。参与股市就必须学会分散风险，仓位管理策略就是分散风险的策略。"黑天鹅"事件只是股市中风险的极端体现，对多数投资者而言可能比较遥远，面临的风险更多的是公司本身发展过程中的正常兴衰起伏、金融市场的联动效应、投资者的羊群效应。如果能深刻理解风险的根源，会发现选股和择时也是在进行风险管理，也是在分散风险。根据金融市场的动态变化和对公司发展本身的考察去选择投资目标和买卖时机，本身就是在最大限度地回避风险，趋吉避凶是人的本能，映射到股市里就是把钱投向最安全和收益率最稳妥高效的行业公司。为了回避风险，聪明的投资者本能地选择那些优秀的公司，其实这是风险带给投资者的好处，这是风险创造的财富效应。价值投资演绎到最终财富效应，然后又演变成风险。下跌促使风险释放回归价值，会发现事物本身没有好坏之分，只是因为人心难测和人性多变而已。

如果把选股和择时作为风险管理环节中的战略定向部分，那么仓位管理就是执行战略决策的部分。计划再完美，不执行永远等于零。针对自己选中的股票，在买入时机出现时投入多少资金去博取收益和什么时候卖出股票收回资金就是仓位管理的环节，其中，怎么分配资金跟自己对于股票价值和风险的评估直接相关。可以画出一个风险溢价评估象限，如图 5-1 所示，根据客观合理的评估结果制定仓位配置策略。

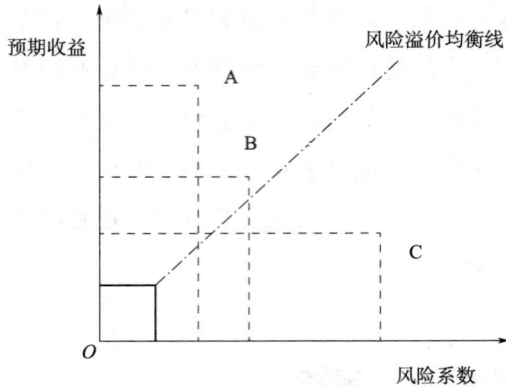

图 5-1　风险溢价评估象限

　　只有评估结果落在风险溢价均衡线上方的股票才值得投资，而且是越靠近象限左上方的股票投资价值越大，这是一个很多人都知道的投资常识，而问题是很多人经常在交易中忘记这个常识，或者说是很多人对于价值和风险的评估时间周期及评估策略认知有错误。

　　仓位管理原则主要有以下几点：

- 在一只股票上投入的资金最好不要超过自己总金额的 1/4。
- 在风险较小且投资收益预期较大的股票里投入更多的资金，可以达到甚至超过单只股票允许的仓位极限。
- 在风险较大且投资收益预期也较大的股票里投入金额不要超过总仓位的 1/8。
- 在风险较小而投资收益一般的股票里投入金额不要超过总仓位的 1/5。
- 在风险较大而投资预期收益一般的股票上不要浪费资金，高风险的股票只有在风险溢价比（预期收益 ÷ 风险）大于 2 时，才考虑投入资金博弈。
- 牛市重势，熊市重质——对市场不同时期选股和建仓策略的高度总结，牛市重点看趋势延续的力量和基础，熊市重点考察股票本身的基本面是否可靠。

　　对于第一条的单只股票仓位上限问题，要根据自己的资产状况动态调整。如果投入股市的资金即使全部亏损也不会对生活造成任何影响，那么可以不用纠结单只股票的仓位上限问题。

第二条是所有投资者都想找到的股票，这十分考验投资者对于价值的理解和风险的评估能力，它们不是靠几个数学公式就可以算出来的数字，而是需要靠智慧去感悟，并且需要用超长时间、周期去评估。多数普通人没有这样的视野和洞察力。

第三条中不同的人对于一只股票的风险大小和预期收益率会有不同的评估结果，只不过价值投资派对于价值的计算框架是一致的，差别在于对股票未来前景的预估时间周期和增长系数差异，当然，它也不是能计算出的准确数字，但是需要知道正确的方向，剩下的事情就只能依靠市场的力量去演绎最终的结果。至于为什么要限制投入仓位的1/8，那是因为高风险除了可能带来高回报外，还会带来巨大损失，小资金博取大收益能实现理想预期最好，实现不了也不会造成太多损失，特别是针对那些妖股和风口浪尖上的概念股。

你能预测正确的方向并接受最终的结果就是成功的投资，没法预测正确的方向或在结果出来前过早离场或过于贪婪太晚离场都是失败的投资。多数人都在进行失败的投资，只是他们不愿意承认自己在进行失败的投资。

第四条可能很多人会觉得奇怪：既然自己知道预期投资收益很一般为什么还要投入资金呢？它是针对市场低迷时制定的策略。在熊市中，没有多少股票能带来好的收益，那么就把资金分散到风险很小且收益一般的公司里等待牛市回归，以避免自己在熊市里胡乱操作白白耗费资金和精力，因为优秀公司在牛市里的高估值回归合理估值需要很长时间的多空搏杀才能最终见底，那样的搏杀对于价值投资者而言没有意义。

第五条是为了告诫广大喜欢博弈短线妖股却不具备相应实力的投资者远离那些诱惑。妖股天生带有巨大风险，不要把妖股的预期收益想得太美好，妖股确实会让一些人快速暴富，不过在幻想暴富前先要思考自己有没有那样的实力和风险承担能力，因为暴富伴随的是巨亏，只是很多人喜欢幻想暴富的是自己而巨亏的是别人。在预期收益不确定而风险较大时，就不要在这只股票上浪费资金，宁愿空仓等待也不要去冒险。

第六条的"牛市重势，熊市重质"是对市场不同时期选股和建仓策略的高度总结，牛市重点看趋势延续的力量和基础，以获取更大的收益空间，熊市重点考察股票本身的基本面是否可靠从而尽可能多地回避风险。

在股票上升趋势形成和中途，通过筹码分布判断支撑位也可以确定相应的仓位配置策略。在通过价值分析、估值分析和筹码分析后，如果确定了股票大概率即将出现一轮上升趋势或已经展现出了上升趋势的形态，那么在多头核心筹码区域内或价格刚刚突破多头核心筹码区时建仓，可以一次性把对应的仓位买足，然后持股待涨。

如图 5-2 所示，水井坊在股价经历过一个头肩底走势后发现它具备了启动上升趋势的各种条件，多头筹码聚集在 35 元至 40 元内，那么在 40 元至 45 元这个区间内，可以尝试快速建仓。

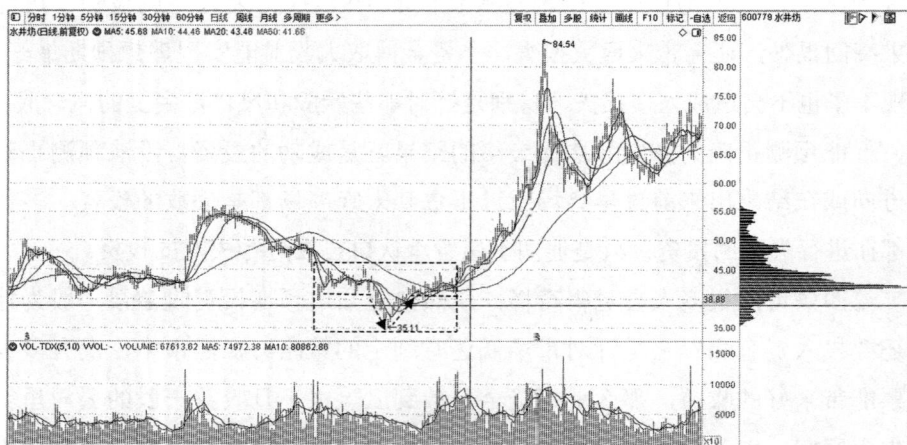

图 5-2　逢低建仓时的筹码分布特征

如果在上升趋势形成的初期没有及时发现这样的牛股，那么在中途回调时，股价再次向多头核心筹码区域靠近遇到支撑时，应逐步完成仓位配置。

根据筹码分布确定仓位的原则是：距离多头核心筹码区域越近，仓位可以越重，建仓应该果断出手，千万不可犹豫而错失良机。股价上涨后大幅远离多头核心筹码区或当筹码出现松动时，仓位配置应适当降低或直接放弃它。

在上涨中途建仓时，需要考虑当时市场的环境。通常在熊市时，市场投资者对上涨空间的预期偏弱，当股价上涨偏离多头核心筹码区 30% 之后可能不再适合建仓。在牛市时，市场投资者对上涨空间的预期更大，即使股价上涨偏离多头核心筹码区 50%，只要低位的多头核心筹码稳定或出现多头拉升建仓特征，也可以尝试重仓介入，因为牛市需要更多看重趋势的力量。

5.3 风险和预期收益的评估策略

风险和预期收益的评估是仓位配置策略里的核心环节，如图 5-3 所示，风险评估是价值评估的最终结果，股票未来投资价值取决于投资者对于股票未来经营业绩或竞争力的变化趋势判断，即常说的未来预期。当投资者一致预期一只股票未来经营业绩会稳定增长或明显增长时，就会对股票价值产生一致的看涨预期，这样的股票价值比较大，预期收益也比较大，风险相对较低。

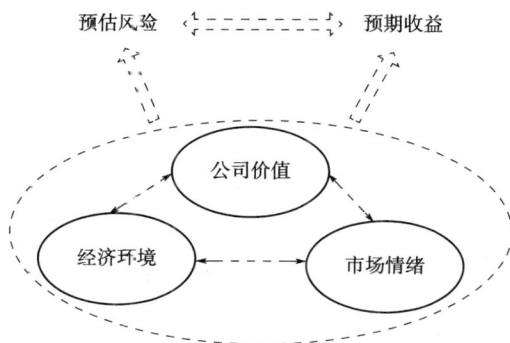

图 5-3 公司未来风险和收益评估模型

风险和预期收益大小其实都是投资者情绪的一种集中体现，其根源还是公司本身的竞争力和市场未来的需求，以及投资者渴望获得财富增值的本能。如果能理解人性，就能理解风险，就能理解财富是怎么来的，也就能理解财富是怎么消散的。这取决于投资者是选择跟随大众随波逐流还是选择独立思考。

风险和预期收益能算吗？能算。但是算的不是风险和投资收益大小，而是投资方向。比如，可以算出一家公司相对于其他竞争对手能够获得的市场占有率和利润增长空间，但是不能算出未来自己能从这只股票上赚取多少收益；能算出经济发展大概的增长速度，但是不能算出这家公司能从社会经济发展中分到多少红利；能算出投资者对这家公司看好的程度，但是不能算出投资者的热情可以让公司股价上涨多少。

一家有竞争力的公司未来的经营业绩必然会好于其他较弱的竞争对手，

投资者必然会更加青睐这只股票，在合理的估值价位买入股票通常能够获得比较安全且收益率较高的回报，能算出这样的结果就已经足够了，不要去纠结万一出现"黑天鹅"事件怎么办、未来能赚取多少收益、会不会投资了这只股票就会错过其他更厉害的大牛股等问题。执行仓位配置策略是执行作战指令，如果只是猜想各种结果却从不执行交易策略，那么无论结果好坏与你都没有关系，你只是一个旁观者。

对一家公司未来风险和收益的评估无非是评估公司价值、经济环境和市场情绪后得出一个评估结果。这个结果的准确性依赖于投资者自身的修为实力。对于社会经济、公司价值和投资者情绪的底层逻辑理解越清晰透彻，得出的评估结果就越接近于未来实际结果。需要说明的是，这个评估的过程是动态变化不断修正的，因为社会经济环境、投资者情绪和公司价值这三者之间本身有说不清道不明的隐秘联系，它们有时相互促进，有时相互抑制。

还有一点大家容易忽略，即人为干扰因素对于结果的影响。对经济发展的干预政策会影响未来社会经济发展趋势和公司发展空间，这一点大家通常都明白，而容易忽略的是自己的心态对评估结果的影响。心态源自个人的心理素质和情绪控制能力，这对参与资本市场至关重要。

其实，仓位配置理念很多投资者都知道，仓位配置策略也十分的简单，之所以要详细阐述仓位配置策略，主要是为了帮助投资者克服自身的弱点，因为我们往往容易自我满足、趋易避难，而风险正蕴藏在这种盲目的自我满足和投机取巧中。可以仔细想想自己是否有过这样的经历：发现了一只特别好的股票，未来预期收益至少能快速翻倍而风险又特别小，同时，市场对这个行业非常追捧，所以打算重仓甚至满仓买入这只股票或这个行业里的几只优秀龙头股。这就是过度自信甚至是盲目乐观地预期未来结果，如果没有仓位配置硬性约束，很可能会冲动地去执行大脑兴奋状态下发出的危险买入指令。有了风险管理意识和仓位配置策略，就会在买卖股票前问自己：这只股票我应该投入多少资金去进行博弈？买入策略是否符合风险管理规范约束下的仓位管理策略？

理智的决策是股市投资者必备的基本素养，那些管不住自己的投资者只能沦为别人的"猎物"。

第6章

心态情绪管理

有人觉得股票投资的全部重心应该放在如何选股、如何分析基本面、如何掌握买卖时机和如何管理仓位等技术上，不应该在心态情绪上下工夫。其实不然，心态情绪的管理能让你"坚持正确"，而不是"望而生畏"或是"犹豫不决"导致操作"变形"。大家可以回想一下自己是否有过如下这些情形：

- 明明分析一只股票后发现它的基本面特别优秀、前景也很好并且价格也合理，但是自己不想买入这只股票，因为当前有更牛的妖股可以赚快钱，把资金浪费在这样的慢牛股身上不划算。

- 发现一只股票市场竞争力是有明显优势的，但是账面盈利微薄，负债率也偏高了点，成交量不活跃，虽然它是市场该领域独一无二的龙头，但是自己不想冒任何"风险"。

- 这只股票虽然是只好股票，但是它曾经让我亏了不少钱，不管它将来发展有多好自己再也不想碰它了。

- 这只概念股很有"前景"，虽然目前自己被套亏损20%，但是相信未来一定会有大资金关注它并且会走出一波大牛行情，一定可以证明自己当初的判断是正确的。

- 这只股怎么看都是好股，为什么买入半年了还是不涨呢？是不是自己的判断是错误的？是不是该换一只更好的股票？

- 虽然股价已经涨了接近两倍，估值也明显虚高了，但是市场貌似还很疯狂，自己暂时先不卖了，等价格走不动了再卖吧，最后的阶段才是最疯狂的阶段。

- 这只股自己已经关注几年了，太差了，不关注了。

经历丰富的股市投资者或多或少会有以上一些经历，这些都是在股市交易时自然而然产生的想法，人的心态和情绪很多时候是不受控制地迸发，并影响人的行为。试着回忆一下，那些奇怪的心态导致了多少充满悔恨的不眠之夜？

你是否想过这些心态是如何产生的呢？是否总结过这些心态导致了什么样的投资结果呢？本章内容将逐一为你揭示。

6.1　思维层次决定你的选择

初级投资者会认为挑选大牛股才是最重要的，中级投资者会认为掌握正确的买卖时机才是最重要的，高级投资者认为强调长久实现稳定盈利并回避风险才是最重要的，终极投资者会认为了解大家是怎么想的，以及自己怎么想的才是最重要的。你会发现不同层次的投资者的思维逻辑是不同的，认知的层次差异是巨大的。

那些顶级的投资者往往已经突破惯性思维，他们会去思考如何获取超额收益，思考社会中什么是变化的、什么是永恒不变的。社会市场经济的形态一直在变化，社会法律制度一直在变化，但是股市里人性的基本特征是永恒不变的，趋吉避凶的本能是永恒不变的，以及享受美好事物的心理需求是永恒不变的。

为什么初级投资者会认为选到大牛股才是最重要的呢？因为他们知道一个常识：只有大牛股才能快速暴涨。所以，初级投资者把如何寻找大牛股当作首要任务。在寻找大牛股的过程中，初级投资者习惯性地忽略慢牛股而喜欢妖股，因为妖股可以使其快速暴富，这样才能将资金的利用率最大化，才能以最快的速度滚雪球，才能快速达成梦寐以求的财富目标。

在这种思维的驱使下，投资者很自然会去关注如何在股市中发现开始暴涨的妖股，以及如何掌握追涨打板的技巧。那些沉迷其中的投资者即使遭遇几次追逐妖股失败的惨痛经历，但依然无法磨灭那执着的信念："我相信一定可以像那些顶级投资者一样驾驭妖股，所有的失败都是为将来的一举成功奠定基础。只要掌握了其中的诀窍，一年十倍又算什么。"

中级投资者往往经历过股市的洗礼，已经看清追涨杀跌的弊端，开始关注股市投资最基本的原则：低买高卖。由此，中级投资者开始了探索寻找正确买卖信号的路途。认同股价涨跌必然有波动，在每一波上涨的起点买入，然后在一波上涨终点卖出，稳稳地获利。

这个逻辑有问题吗？没有问题，它也是股市中的常识。中级投资者误入歧途的根源往往是过分追求交易信号的准确率和买卖交易的利润空间，导致投资者苛求找到那些能够大幅上涨的股票起涨信号和见顶信号进行买卖操作，他们认为只有这样操作才能在降低投资风险的同时实现资金利用率最大化和投资收益最大化。这种投资思维往往把投资者带向依赖技术分析去寻找买卖信号和不断猜想对比哪只股票涨幅会更大的问题，过分关注表象而忘记探寻本质。

结果就是时赚时亏，拉长时间周期却发现难以实现稳定的投资获利。又因曾经大赚过，所以，相信这种投资思维和方法没有严重的问题，对于那些失败的经历，仅仅归结于市场的随机性造成的不可控风险。

高级投资者是在中级投资者基础上放弃不切实际的幻想，采取务实谨慎的投资理念，然后实现最大程度地回避风险和最大程度地获取稳定的收益，从而跳脱出股市亏钱的怪圈，跃迁进入成功投资者的层次。

顶级投资者往往历经市场几轮牛熊考验，看透股市波动的本质动因和轮回规律，他们明白投资的真谛是追求大概率获胜和接受市场波动的不确定性，化繁为简，长期坚持做正确的事情就能实现稳定的投资盈利。

6.2　为何 90% 的投资者总是亏钱

为什么超过 90% 的普通投资者是亏钱的？因为他们管不住自己的心态和情绪。

首先是管不住自己想要偷懒的心，比如对复杂价值分析的回避、对深奥估值计算的畏惧、对枯燥财务和媒体分析的厌烦及对耗时读书的抗拒。这些心态反映了一种逃避困难和烦琐任务的普遍心理。

其次是不愿意承认自己的顽固，总认为自己懂得很多而且自己的思路方法没有问题，问题只是市场太过复杂难以捉摸及市场那些主力不按常理出牌等一系列的借口用于自圆其说。不愿意正视自己的不足和缺陷才是普通投资者最大的问题。不愿意改变自己的现状以适应金融投资市场的要求才是普通投资者难以跨越的鸿沟。

做股票投资其实是在跟自己的心魔做斗争，能够控制好自己心态情绪的人才能在多变的金融市场中保持定力，坚持做对的事情才不至于陷入死绝之地，时间最终会给予坚持走正道的人最丰厚的奖励。

那么，投资者需要管理好哪些不良的心态情绪呢？以下是我的一些总结：

- 要控制想要走捷径、偷懒、投机取巧的心态——成功从来不是一件容易的事。

- 要控制急于求成和想快速暴富的心态——欲速则不达。

- 要控制账面只能盈利不能浮亏的心态——巴菲特没有亏过钱吗？

- 要控制固执己见拒绝成长的心态——时代在变而你不变，只有被抛弃。

- 要控制自己可以预言未来股价走势剧本的心态——市场从来不是谁可以强力驾驭的。

- 要控制先入为主的心态——时移世易，时刻坚持全面评估后再下结论。

- 要控制买在最低、卖在最高和买卖在最佳时间的心态——追求完美是一个巨大的陷阱。

- 要控制过度的贪婪和无谓的恐惧——经常反省可以避免无脑操作，要明白物极必反。

- 要控制死扛到底的心态——知错就改是值得欣赏的正确心态，一错到底是可怕的。

6.3　从"知易行难"到"知行合一"

讲大道理谁都能听懂，很多书上都在重复大道理，问题是为什么很多人总是听不进大道理呢？也就是常说的"知易行难"。要想克服知易行难的局面，可以效仿前辈的修炼方法。心态由心而生，想要改变必须深入自己的内心去看清自己的本真面目。你的内心是什么样子？想要成为什么样子？当你发现你的内心与你的期望差距很大甚至是南辕北辙时，想改变自己吗？有了这样的冷静自省与思考，就可以跨入修心的大门了。

修心，需要彻底明悟。我们内心对于一个事物的追求态度，想追求投资获利，那就仔细想想怎样的心态和行为才能实现这一目标？那些走错方向的人最终会收获什么样的结局？历史是用来反省和借鉴的，通过持续反省并做出改变，我们能够挖掘内在的创造力，这种能力创造了各种辉煌成就，包括各种有形和无形的新鲜事物，正是这种创造力塑造了自己，你千万别只用眼睛盯着这眼花缭乱、千变万化的人类世界却唯独忘记自己也具备这样的创造力及自己从内到外也是被这样的创造力塑造的。

6.4　心态的产生及影响

人的心态到底是怎么产生的呢？它又是如何影响人的行为呢？

人的心态源自人的心理需求，人的心理需求一部分源自生理需求，另一部分源自高层次的精神追求。人的心理类型复杂多样，不同环境会表现出不同的心理类型，人的各种心理需求是人类各种行为的根源，它构建了复杂的人类社会活动和组织架构。股市里涉及的心理类型主要是精神层次的心理类型，自我满足几乎是绝大多数精神层次心理需求的起源，比如股市投资者实现财富增长的获得感、保证本金安全的安全感、快速实现财富暴增的即时满足感、结局验证猜想的自我认同感、非理性的自我强化认可感（盲目自信臆想症）、绝对相信经验的极度自信和偷懒心理、喜欢相信名人推荐而不愿自己钻研思考的趋易避难心理、追求极致的完美主义心理、自我怀疑自我否定心理、历史教训自我强化心理（亏损陷阱效应）、患得患失心理、非理性恐惧缺乏安全感心理及侥幸心理等。

股市投资者在投资过程中会面临各种复杂的心理因素干扰，从挑选股票、决定买卖时机到决定仓位配置策略，每个环节都伴随着心理上的考验。特别是在持股和空仓等待的期间，内心的波动更是复杂多变的。如果能够仔细记录一段时间内每天的心理状态，认真坦诚地面对自己的心灵，会发现投资股票是一场艰难的修行过程。